RECUEIL

DE DOCUMENTS

CONCERNANT

LA MAISON DE BELLISSEN

PAR

FRANÇOIS DAVIS

PARIS
IMPRIMÉ PAR E. THUNOT ET Ce
RUE RACINE, 26

1865

DOCUMENTS

CONCERNANT

LA MAISON DE BELLISSEN[1].

ARMOIRIES.

D'azur à trois bourdons de pèlerin posés en pal au comble de gueules chargé de trois coquilles d'argent. — Supports, deux sauvages armés de massues.

Le monument le plus ancien qui nous soit parvenu, concernant les armoiries de la maison de Bellissen, a été

---

[1] L'orthographe du nom de Bellissen a beaucoup varié. Dans le même acte, l'on trouve quelquefois le nom du même personnage écrit de deux et même de trois manières différentes. Nous avons adopté la manière d'écrire le nom

conservé par les antiquités de Castres de Pierre Borel écrivain du dix-septième siècle :

« On voyait aussi dans cette même église : « l'épitaphe suivante, a côté gauche derrière le grand autel, en un sépulchre élevé de trois pieds sur lequel étaient pour armes trois bourdons et trois coquilles :

Hic jacet Villelmus Bellisendis, vicarius et unâ vice-comes pagi castrensis, qui populo reddidit quæ sunt populi, domino Comiti quæ sunt Comitis regi quæ sunt regis et deo quæ sunt dei. Obiit Cal. junii anno MCLXVII.

Ci-gît Guillaume de Bellissen, vicaire et vicomte de Castres, qui a rendu au peuple ce qui est au peuple, au comte son suzerain ce qui est au comte, au roi ce qui est au roi et à Dieu ce qui est à Dieu, il est mort en 1167.

En 1697, le roi Louis XIV ordonna aux intendants des provinces de vérifier les titres des gentilshommes et d'enregistrer leurs armoiries. Voici en ce qui concerne la maison de Bellissen les extraits de l'armorial général qui se rapportent aux différents seigneurs de ce nom.

Armorial général du Languedoc, p. 171.

« Henri de Bellissend, seigneur d'Hermine et Lalande porte d'azur à trois bourdons d'argent posés en pal, et un chêf cousu de gueules chargé de coquilles d'or. »

Armorial général, p. 172, n° 26.

« Guillaume de Bellisend, seigneur de Saint-Couat et de

---

de Bellissen usitée chez les membres de cette famille, et que l'on retrouve dans les plus anciens manuscrits. Dans le midi, on écrit en général Bellissens, quelques manuscrits portent Bellissent, d'autres Bellissend, d'autres mais plus rarement Bellicents.

Milhegrand, porte d'azur à trois bourdons d'argent posés en pal et un chêf cousu de gueules chargé de trois coquilles. »

Armorial général. Armorial du Languedoc, Toulouse, Montauban, p. 21, n° 126.

« Jean Claude de Bellisent, baron de Malves, porte d'or à trois bourdons de gueules, et un chêf d'azur chargé de trois coquilles d'argent. »

Armorial général. Languedoc, Toulouse, Montauban, p. 402, n° 131.

« Jean de Bellissend, l'ainé, porte d'azur à trois bourdons
« d'argent posés en pal, accostez des deux lions de même,
« accompagné de trois coquilles d'or et au chêf en pointe [1]. »

Armorial général. Montpellier, Montauban, p. 387.

« Jean de Bellissend, seigneur de Camps, porte d'azur à trois bourdons rangés en pal d'or et un chêf de gueules chargé de trois coquilles d'argent. »

Enfin l'*Armorial général de l'Empire français*, n° XXXIII, p. 29, décrit les armoiries du marquis de Bellissen, chambellan de l'Empereur, comte de l'empire :

« Écartelé au premier de comte officier de la maison de
« sa majesté l'Empereur, au deuxième et troisième d'azur
« à trois bourdons de pèlerin en pal d'or, au comble de
« gueules chargé de trois coquilles d'argent. Au quatrième
« d'azur à trois papillons. »

---

[1] Le comté de Foix faisait partie de la généralité de Montauban.

DOCUMENTS

CONCERNANT LA MAISON DE BELLISSEN.

« *Hommage du château de Mirepoix rendu par Roger fils de Bellissen à Ermengard. Année 960.* »

(Bibliothèque Impériale, manuscrits. Titres concernant les maisons de Carcassonne, de Rodez, de Béziers et de Foix, t. 1ᵉʳ, depuis l'année 960 jusqu'à l'an 1117, p. 41).

960.

De ista hora in Antea Ego Rogerius filius qui fui Bellissen, non decebrei te Ermengard filia, quæ fuisti Raugarz del Castel quem vocant Mirapeix, neque de ipsà turre, neque de ipsos muros, neque de ipsas forterezas quæ ibi odie sunt vel in antea erunt factæ. Nol te toldrei ni t'en tolrei, ni él te vedarei, neque homo, neque fœmina per meum ingenium, neque per meum consilium, et si fuerit homo, vel fœmina homines vel fæminæ qui l te tollant, ni t'en tollant adiutor, ten serei. Ego Rogerius prœscriptus per recta fidem sine inganno ad te supra scriptam Hermengarz et ab illos aut ab illas qui illum tibi tolrian, ni ten tolrian finem nec societatem non aurei ni non tenrei ad ullum tuum dominum me sciente us-

---

[1] Recueil des divers titres et mémoires concernant les affaires des comtes de Carcassonne, vicomtes de Béziers, des comtes de Foix, des vicomtes de Castelbon, des vicomtes de Béarn, de Bigorre, de Marsan, des comtes de Rodez et d'Armagnac, des seigneurs d'Albret, des rois de Navarre et de celles de divers particuliers qui ont possédé des terres dans les pays appartenant aux seigneurs susnommés ou qui ont eu des alliances avec eux. T. 1ᵉʳ, depuis l'an 960 jusqu'à l'an 1117.

que ipsum prœscriptum Castrum recuperatum habeas, et si illum recuperare potuero in tua potestate lo tornarei sine lucro de tuo aouere et sine tua deceptione et per quantas vices tu men comonras per te ipsum aut per tuum missum aut per tuos missos in tua potestate lo tornarei sine lucro de tuo auere et sine tua deceptione sicut superius scriptum est. Sic ego Rogerius prœscriptus to atteindrei tota te Ermengarz supra-scriptam me sciente sine inganno.

(Extrait et collationné par ordre du roi, etc..... Fait à Foix, le premier de décembre mil six cent soixante-sept.)

960.

Hommage rendu par Arnaud fils de Bellissen à Ermengard et à Bernard Ermengard son fils du château de Mirepoix et de ses forteresses.

(Même volume, même formule que le précédent à la p. 51.)

1062.

Donation faite à la comtesse Rangarde et à son fils Roger comte de Carcassonne des châteaux de Rouille et de Mirepoix en 1062 [1].

(Dom VAISSETTE, *Histoire du Languedoc*, vol. 2, p. 241, preuves.)

In Dei nomine. Ego Rogerius et frater meus Raymundus

---

[1] « Nous avons un acte suivant lequel Roger et Raymond Bataille son
« frère, donnent en Aleu dans la seconde année du règne de Philippe ou de
« l'an 1062, la moitié du château de Prouille et les deux tiers de celui de
« Mirepoix à la comtesse Rangarde, fille d'Amélie et au comte Roger son
« fils, à cause du mal qu'ils leur avaient fait. Ces deux seigneurs consentent
« en même temps que cette comtesse et le comte son fils, obligent Pierre Roger
« leur frère à leur céder le reste de ces deux châteaux dont ils lui firent
« hommage et qu'ils ne tenaient, sans doute auparavant, de personne. Ces
« deux châteaux étaient alors situés dans le diocèse de Toulouse. Le premier
« dépend aujourd'hui de celui de Saint-Papoul, et on y fonda depuis un cé-

Batalla, donatores sumus vobis Rengardis Comitissa, et filio suo Rogerio Comite, medietatem de illo Castro quem vocant

---

« lèbre couvent pour des religieuses de l'ordre de Saint-Dominique ; l'autre
« a donné l'origine à la ville de Mirepoix devenue épiscopale depuis le pon-
« tificât de Jean XXII. C'est le monument le plus ancien que nous ayons, et
« de cette ville et de ses seigneurs. »
(Dom Vaissette, *Histoire générale du Languedoc*, t. 2, p. 205. Voir preuves, p. 241.)

La note qui précède, rapprochée du testament de Roger I, comte de Carcassonne, qui défend d'aliéner ses biens en faveur des étrangers, prouverait que Roger et Raymond Bataille et Pierre Roger leur frère, dont nous venons de citer la donation des châteaux de Mirepoix et de Prouille mentionnés dans le testament du comte de Carcassonne étaient parents ou alliés de ce dernier.

Voici l'extrait du testament de Roger, comte de Carcassonne, daté de l'an 1002.

« Le comte marque dans son testament, qu'il avait déjà disposé en faveur
« de diverses églises de plusieurs alleux situés dans le Razez, le Narbonnais
« et une partie du Toulousain. Il confie à Adélaïde sa femme pour tout le
« temps qu'elle voudrait l'administration et la régie de ses domaines, et veut
« que celui de ses fils qui survivrait aux autres fût chargé de la même admi-
« nistration durant la minorité de celui des enfants qui seraient décédés. Il
« leur défend de vendre ou d'aliéner sinon entre eux, les domaines qu'il
« leur donne en partage, enfin il substitue au dernier survivant les biens de
« celui qui mourrait sans enfants légitimes, et se réserve la liberté de changer
« dans ce testament ce qu'il jugerait à propos. » (Dom Vaissette, p. 156, t. 2.)

Le pays ou viguerie de Savarthez qui appartenait à Roger et à son frère Eudes, s'étendait dans la partie de l'ancien Toulousain qui confine avec le diocèse d'Urgel et celui de Cerdagne, il fut compris depuis dans celui de Foix. Ceux de Quiescourbe et de Cucollo faisaient aussi alors partie du Toulousain et tiraient leur dénomination de deux châteaux. Ces deux pays formaient chacun une viguerie particulière, le dernier comprenait la partie occidentale et la plus voisine des Pyrénées, du diocèse moderne de Mirepoix à la gauche de l'Hers. L'autre était composé d'une quinzaine de bourgs ou villages dont celui de Chalabre était un des plus considérables ; il s'étendait dans la partie orientale du même diocèse de Mirepoix à la droite de l'Hers. Ainsi le comte Eudes avait eu dans son partage toute la partie méridionale de ce diocèse, compris alors dans celui de Toulouse. (Dom Vaissette, p. 157, vol. 2.)

Proliano, et duas portes de illo Castro quem vocant Mirapixo per alodem. Et nos supra dicti donamus vobis a te Comitissa supra scripta, et filio tuo supra scripto istud domum supra scriptum de illos Castellos sine inganno, propter malum quod fecimus vobis, et propter... et facimus vobis convenientiam, et laudamus vobis, ut distringatis fratrem nostrum Petronum, in istos Castros, ab ipsos Castros supra scriptos, tantum usque donet vobis a te Rengarde et filio tuo Rogerio suam tertiam partem de Castello Mirapixo, quantum ibi habet et habere debet; et donet et firmet ille supra dictus Petrus, medietatem de ipso Castello quem vocant Prolianus, illam medietatem quam nos donamus vobis, et hoc sine inganno totum factum sit. Quod si nos donatores aut ullus de hæredibus nostris, aut ulla subrogata personna ad irrumpendum venerit, aut irrumpere voluerit, componat vobis istum Alodem, et donum supra scriptum duplum et melioratum, et in antea firma et stabilis permaneat omni tempore donatio ista supra scripta.

Facta carta donationis X Kal, Februarii luna XXIX. Anno secundo regni Philippi regis.

(An. 1062. Château de Foix, Cartul. caisse 15. Extrait de l'*Histoire du Languedoc*, par dom Vaïssette, vol. 2, p. 241, preuves.)

1070.

« *Donation faite par Guillaume Nizes et Ponce, sa femme, au*
« *monastère de Saint-Michel de Coxan, de la personne de*
« *Pierre, leur fils, pour y être religieux, avec la 4° partie*
« *de l'église de Saint-Étienne de Erbonuilla in pago Tho-*
« *losano, avec les dismes et premices qui en dépendent.* »
(Année 1070.)

V° Kalendas septembris anno XIV regnante Philippo rege. In Dei nomine Ego Guillelmus, etc...

Cet acte est signé : Guillelmus et Poncia, et Adémar, et

Raymundo, et Arnaldo, et Bernardo, et Poncio, et Guillelmo, et Beliscens, et Ricardus Ermengardus et Beatricis, nos simul in unum ista Carta, etc...

(Cet acte est tiré de l'ouvrage manuscrit. *Évêché et ville de Mirepoix*, p. 565. Voir Bibliothèque Impériale.)

 ## 1120.

« *Acte de l'hommage rendu par Pierre Rodgarius, fils de*
« *Bellissen, à Bernard, fils d'Ermengard, et à Royer, et à*
« *Raymond et Trencavel, fils de Cécilie, du château et des*
« *forteresses de Mirepoix.* » (Année 1120.)

De ista hora in antea Ego Petrus-Rodgarius filius Bellissen, non decebrei Bernard, fil de Ermengard, et suus filius Rogerius, et Ramundus Trencavellus filius sedilia de illo Castello de Mirapeis, neque de ipsas fortezas quæ ibi sunt hodie et in antea erunt factas, nol vos tolrei neque vos entolrei, nol vos vedarei ni vos envedarei, et per quantas vices men commonoras per te ipsam aut per te ipsum aut per tuos missos potestatem ten donarei, et si est homo aut fœmina, vel homines aut fœminæ quil te tolon ni ten tolon adiutor ten serei tecum et sine te, et si recuperare potuero in vestra potestate lo tornarei sine lucro de ton aver aut de honore et sine ulla deceptione sicut superius scriptum est, si lo tendrei totum sine inganno per deum et hæc sancta.

(Titres de Foix et d'Armagnac, vol. 1er, fol. 20.)

1120.

Le même hommage, même année 1120, est reproduit au folio du même volume.

1120.

« *Serment de fidélité fait entre plusieurs personnes de qualité*
« *sur le château et les forteresses de Mirepoix avec réserve*
« *de la fidélité qu'ils doivent au comte.* » 1120[1].

In nomine Domini nostri Jesu-Christi lo castel de Mirapeis las fortezas quæ ara i son ni adenant i seran, Roger filz Bellissend a Guillem d'Alaman, al fil de Guila sur lo castel de Mirapeis las forzas que i son ni adenan i seran, Arnal Royer, pleunon per sa fe que ly otenya si de Roger desaumaaua que lieures Peire Roger et Guillem pereissa conuenenza Guillem Batalla per eissa conuenenza jura lo castel et las forzas Bernard Batalla et Roger Batalla, similiter jurad Raymond Batalla pliura per sa fe que nolli tolla, ni hom, ni femma per son conseil Raymond Batalla, Guillem Batalla, Bernard Batalla, Roger Batalla, Roger de Mirapeis, Arnald Roger, Peire Roger, Roger Guillem, etc., ista hora adenant lo castel de Mirapeis las forzas que ara i sunt ni adenant i serant not li sobran ni nol li vederan ab forfait ni sine forfait si comprouat nonera, que tolre li volyues. Si tant era que homo aut femma o fezos que adiutores ten fosson, per se sine inyan tro crobat laynes salua fidel sol del comte.

(Collationné à Foix par ordre du roi le 1er décembre 1667. Titres des maisons de Carcassonne, de Béziers etc....Fol. 38. 1120.)

1124.

Soumission des nobles du comté de Carcassonne rebelles au vicomte Bernard Aton, l'an 1124.

Pro Pace et treva emendanda et a modo firmiter tenenda,

---

[1] Nous avons transcrit scrupuleusement les titres des actes que nous citons tels qu'ils se trouvent dans les ouvrages dont ils sont extraits.

dedit se in potestatem B. Atonis vice comitis, per se et pro suis, Guillabertus de Lauray, maulevator, Rogerius de la Tor, Guillelmus Jordan et Petrus de Castellon. Similiter Isarnus Jordani et maulevavit eum Pontius Rogerii, Arnalitus de la Tor, Guillelmus des Vilar. Similiter Bernardus Batalla et maulevavit eum Rogerius Batalla, etc., etc.

<small>(Archives du château de Foix, caisse 15. Extrait de l'*Histoire du Languedoc* par Dom Vaissette, vol. 2, p. 426-27, preuves.)</small>

1150.

Hommage du château de Callarium par Raymond et Guillaume Batalla fils de Bellissend. 1150.

Ego Raymondus Batalla filius Bellissendis et nos patres scilicet Rogerius Isarni et Guillermus Batalla filii Bellissendis, et ego Galardus de congusto per me et Willermam uxorem meam et per omnes infantes nostros, et ego Raymondus Cardani de Contabout per me et Dominicam uxorem meam, et per omnes infantes nostros, et ego Ferrandus Dominicæ propedictæ filius, omnes nos prænominati non decipiemus te Raymondum Trencavelli comitem filium Ceciliæ vice comitissæ neque Rogerium filium tuum, et S. comitissæ de Castello quod vocantur Callarium neque de fortezas quæ ibi sunt in antea, etc..... Anno ab J. D. MC. L.

<small>(Cartulaire du château de Foix, caisse 15. Extrait de l'*Histoire du Languedoc* par Dom Vaissette, vol. 2, p. 539, preuves.)</small>

QUATRIÈME FÉRIE DES IDES DE JANVIER 1152.

1152.

Hommage du château de Mirepoix, rendu par Pierre Roger, fils de Bellissen, à Bernard, fils d'Hermengard et son fils Roger, et à Bernard de Trincavel, fils de Cécile.

Extrait du Livre des hommages trouvé aux archives de la Tour de Foix, caisse 33, n° 21, qui est datée à folio 77, de la quatrième série des ides de janvier, sous le règne de Louis, roi, en l'année mil cent cinquante-deux de l'Incarnation divine, à suite duquel et à fol. 89 a été trouvé l'acte ci-après :

De istâ hora in antea, Ego Petrus Rodgarius, filius Belissen non decebrei Bernard, fil de Hermengard et suus filius Rodgarius et Raymundus Trencavellus, filius Sedilia de ipso castello de Mirapeis neque de ipsas fortitias quæ hodie sunt et in antea erunt factas, nol vos toldrei, neque vol entoldrey nol vos verarai neque vos envedarai et per quantas vices mien cominooniras per te ipsum aut per tuum missum aut per tuos missos potestatem ten donarei, et si est homo aut homines fœmina aut fœminas qui l te tolon ou que ten tolon adjutor ten serai tecum et sine tecum et si recuperare potuero in vestra potestate lo tornarei sine lucro de tun aver aut de honore et sine ulla deceptione sicut superius scriptum est si to tendrei totum sine inganno.

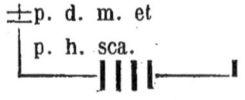

Collationné sur l'original contenu au livre des hommages, page 89, ledit livre déposé aux archives du château de Foix, sous le n° 21, caisse 33, par nous juge mage, procureur du Roi de la sénéchaussée de Pamiers et major des ville et château de Foix, en la chambre de la Tour ronde, où sont lesdites archives, et ce, en exécution des ordres du roi portées aux lettres de cachet du 29 mars dernier, à nous remises par Monsieur le comte de Belissen, à qui le présent extrait a été délivré le vingtième jour du mois de mai mil sept cent quatre-vingt-neuf, sur sa réquisition. Marquié-Cussol, juge mage ; Charly, procureur du roy ; Boyer de Montaigut, major, signés.

1158.

Dix sept des kal. d'août 1158.

« *Hommage des chateaux d'Aniort et de Castelpor, rendu*
« *par Raymond fils de Bellissen, Bernardet Pons fils de*
« *Flandine et Arnaud fils de Rembergue à Raymond et à*
« *Guillaume fils de Blanche.* »

(Extrait du Livre des hommages des Archives de la Tour de Foix, caisse 33, n° 21, p. 119 et 120.)

Anno millesimo centesimo quinquagesimo octavo incarnationis verbi divini quarta feriæ decima septima kalendis Augusti rege Ludovico regnante. Ego Sicardus filius etc...

Après lequel on trouve l'acte suivant :

De istâ horâ in antea Ego Raymondus filius de Bellissen et Bernardus et Poncius filii de Flandina et Arnaldus filius de Remberga tibi Raymondo et Guillelmo filiis de Blancha ipsum Castel de Aniorto et fortitias quas ibi sunt et in antea erunt factas et Castrum de Castelpor et fortitias quas ibi sunt et in antea erunt factas nos vol tolrei ni vos entolrei et si ero home aut fœmina aut homines aut fœminas qui los vos tolon ni vos entolon adjutores non serem pro fide sine inganno ab vos et sine vos omni tempore, et per quantas vegadas vos lol nos requeres per tantos los vos redebren per vos aut per vestros nuntios per dominum et nostram fidem et per hæc scripta.

Collationné sur l'original contenu au livre des hommages, p. 119 et 120, ledit livre déposé aux archives du château de Foix sous n° 21, caisse 33, par nous juge mage, et procureur du roi de la sénéchaussée de Pamiers, et par le major des ville et chateau de Foix, en la chambre de Tour ronde où sont lesdites archives, et ce, en exécution des ordres du roi portés ez lettres de cachet du 29 mars dernier, à nous remises par M. le comte de Bellissen, officier des gardes de Monsieur, à qui le présent extrait a été délivré. Ce vingt mai mil sept cent quatre vingt neuf, sur sa réquisition. Marquié Cussol, juge mage, Charly procureur du roi, Roger de Montaigut major. Signés.

1160.

Hommage du chateau de Montpezat rendu par Raymond Batalla fils de Bellissen au vicomte Trencavel [1].

De ista ora in antea, Ego Raymondus Batalla filius Bellis-

---

[1] « Il paraît que Trencavel resta en paix durant toute l'année 1160 et la « suivante et nous n'avons de lui pendant ce temps-là que divers hommages « qui lui furent rendus. Il reçut le 8 de mars 1160 celui du château de Mont- « pezat, en présence de Roger-Bernard, comte de Foix, qui reçut lui-même « en 1160 et 1161 avec son fils Roger, les hommages de ses vassaux, entre « autres des seigneurs de Mirepoix. » (DOM VAISSETTE, t. 2, p. 486.)

« Les seigneurs de Mirepoix, dont le comte de Foix était suzerain, étaient « assez puissants pour lui résister. Dans le manuscrit intitulé Titres de Foix « et d'Armagnac dressé le 7 décembre 1445 par ordre de Madame Éléonore « infante de Navarre, femme de Gaston comte de Foix, et lieutenante-géné- « rale en toutes ses terres et dominations, on lit à la p. 10 : « Et après se « lit que l'année mil deux cent vingt-deux, au mois de may, ledit messire « Rogier-Bernard mit le siége devant le château de Mirepoix où il n'y avait « pas encor de ville, parce que bien que le seigneur de Mirepoix fût son « homme pour le château de Mirepoix, comme il se peut voir par cartes « hommages qui sont dans lesdits archives et armoires, il lui faisait résis-

sendis non decipiam te R. Trencavelli vice comitem filium Ceciliæ vice comitissæ, neque Rogerium filium tuum et S. Comitissæ, de illo Castello quod dicitur Monspensatus etc... S. Domini Rogerii Bernardi Comitis de Fuxo, et Guillelmi de S. Felice, et Rogerii de Raisaco et Petri de Podio et Mironis de Tonenes, et Petri Mironis et Amélie de Planosone, et R. de Durfort Armalitus de Clairaus hoc scripsit IV feria VIII id Marcii anno MC. LX.

(Château de Foix, Cartul., caisse 15. *Histoire du Languedoc* de DOM VAISSETTE, vol. 2, p. 578, preuves).

1167.

Épitaphe de Guillaume de Bellissen vicomte de Castres mort en 1167.

Pierre Borel (écrivain du XVIIe siècle) à propos du magnifique monastère de Saint-Benoit qui existait à Castres rapporte qu'il y avait de très-beaux tombeaux et qu'il a pu retrouver la trace de quelques-uns :

« tance et contradiction. Mais il lui survint au siége une grande bosse et fut
« là longtemps malade, mais le siége ne fut pas pour cela levé jusqu'à ce
« qu'enfin il mourut. Et pour mémoire éternelle, il fut home fort, vaillant
« et sans aucun reproche et lui fut donné comme dit est ci-dessus nom
« Rogier-Bernard le Preux, ainsi que lui-même en parle ci-dessous en
« quatre mètres.

« Bien cresi que james no foc que Foix non agnes enbeyos
« Puix que a inxy mapelen touts, comte Rogier-Bernard lo pros.
« Garden se de nœyt et de joun de mi encontrar los orgulhos
« Car si Diu es de mon conduict, io mettré lous orgulhos en tos. »

Ce même ouvrage, *Titres de Foix et d'Armagnac,* mentionne (p. 18, fol. 11) l'hommage du château de Mirepoix rendu par Petrus Rodgarius fils de Bellissen à Bernard fils d'Ermengard et à Roger Raymond et Trencavel fils de Cécilie du château et forteresse de Mirepoix.

A la suite de la croisade contre les Albigeois le château de Mirepoix est passé dans la maison de Guy de Lévis, lieutenant de Simon de Montfort.

« On voyait aussi dans cette même église l'épitaphe sui-
« vante à côté gauche derrière le grand autel en un sépulchre
« élevé de trois pieds sur lequel étaient pour armes trois bour-
« dons et trois coquilles :

« *Hic jacet Villelmus Belissendis vicarius et unà vice comes*
« *pagi Castrensis, qui populo reddidit quæ sunt populi, do-*
« *mino Comiti quæ sunt Comitis, regi quæ sunt regis et Deo*
« *quæ sunt Dei. Obiit. Cal, junii anno MC. LXVII.*

« Par cette épitaphe il appert que le roy ayant eu autrefois
« une portion dans le comté de Castres à savoir un tiers, il
« tenait un vicomte dans Castres qui était aussi viguier du
« comte, c'est à dire son sénéchal qui rendait alors la justice
« au peuple. »

Note des hommages insérés dans le livre des hommages appelé livre blanc *qui est aux archives de la Tour Ronde du château de Foix* [1].

A la caisse 35, XIIe siècle.

Hommage du chateau de Mirepoix par Roger fils de Belissen à Guillaume Daranem et au fils de Guili, fol. 87.

Autre hommage du chateau de Mirepoix rendu par Arnaud fils de Belissen à Ermengard fille de Rangard et à Bernard fils d'Ermengard, fol. 88.

Autre hommage du chateau de Mirepoix rendu par Pierre Roger fils de Belissen à Ermengard fille de Rangard, fol. 89.

[1] Un incendie a dévoré les archives de la Tour ronde du château de Foix en 1806. Les documents que nous citons sont des copies authentiques délivrées en 1789, par ordre du roi, des hommages contenus au livre blanc.

Autre hommage du chateau de Mirepoix rendu par Roger fils de Belissen à Bernard fils d'Ermengard et à Roger et à Raymond de Trencavel fils de Cecilie, fol. 90.

Hommage du chateau d'Aniort et de Castelport rendu par Raymond fils de Belissen Bernard et Pons fils de Flandine et Arnaud fils de Rembergue à Raymond et à Guillaume fils de Blanche, fol. 120.

Hommage du château de Pujorel rendu par Bernard fils de Belissen à Ermengard fille de Rangard, fol. 235.

1248.

« Pierre de Bellissen se joignit à saint Louis dans sa pre-
« mière expédition d'Égypte en 1248 ; prisonnier à Massoure
« en 1250 il y mérita les bontés de ce prince qui l'emmena
« en France à son retour de la première Croizade en 1254. »

<small>(Précis historique de la maison de Bellissen, annexé à la généalogie que la famille a fournie pour l'entrée aux états du comté de Foix, manuscrit.)</small>

1292.

« Vers la fin du 13° siècle il s'éleva quelques démélés entre
« le comte de Castres et le roi Philippe IV qui honora Ber-
« nard de Bellissen de sa confiance pour régler ses préten-
« tions, il fut asez heureux pour ménager également celles
« du comte qui s'en rapporta à ses lumières et dont il acquit
« les bontés. Le roi pour reconnaître ses services lui fit don
« vers 1292 de la baronnie de Villeneuve qui a passé à son
« arrière petit-fils Pierre, énoncé dans la généalogie, lequel
« testa en 1390.
« La baronnie de Villeneuve a subsisté dans cette

« mière branche de Bellissen, jusqu'à la mort de Pierre de
« Bellissen tué au siége d'Orléans en 1428. »

(Précis historique, manuscrit.)

1390.

« Testament de Pierre de Bellissen, baron de Villeneuve. » (*Id.*)

1428.

« Pierre de Bellissen, baron de Villeneuve, épousa demoi-
« selle Gabrielle de Touchebœuf. Il fut tué en 1428 au siége
« d'Orléans. Il ne laissa pas d'enfant mâle.

(Généalogie présentée aux états avec preuves.)

1441.

« Guillaume de Bellissen testa en 1441. »

Guillaume de Bellissen était le fils de Jean de Bellissen frère de Pierre tué au siége d'Orléans, auquel il succéda dans la seigneurie de Limousis. Le cartulaire de l'ancien diocèse de Carcassonne au mot de Limousis s'exprime ainsi :

Seigneurs de Limousis.

An — 1263. Jean Alaman.
— Jean de Bellissens.
1498. Guillaume de Bellissens.

La seigneurie de Limousis a depuis toujours fait partie des nombreux fiefs qu'a possédé la maison de Bellissen.

De ce Guillaume de Bellissen descendent directement les diverses branches de la maison de Bellissen tant éteintes qu'existantes.

(Voir les généalogies annexées à cette notice historique.)

1488.

Dénombrement fait le 12 avril 1488 par Guillaume de Bellissen des seigneuries de Malves, Sallèles, Limousis, Saint-Couat, Trasanel, Rustiques, Meilhan, etc., etc...

(Manuscrit du xve siècle).

Les noms de ces différentes seigneuries ons été portés par divers membres ou même diverses branches de la maison de Bellissen. Les noms de Sallèles, Saint-Couat, et de Malves notamment ont été célèbres en Languedoc soit durant les guerres d'Italie, soit durant les guerres de religion.

Seigneurs de Sallèles.

« Bellissen, baron de Malves soubs Charles huict, loua une
« troupe à sa solde et défendit le Languedoc en récompense
« le roi Charles huict lui donna la terre de Sallèles et à son
« fils le gouvernement des Tours de Cabardés qui est depuis
« sans interruption dans la maison comme il paraît par les
« lettres patentes qu'il en a. »

(Mémoire de service de Messieurs de Bellissen, manuscrit.)

« Guillaume de Bellissens, seigneur de Sallèles en 1493.
« Pierre de Bellissens; seigneur de Sallèles, chambellan de
« Louis XII, l'un des commissaires qui présidèrent aux États
« du Languedoc en 1499. — Il se trouva à la prise de Milan.
« 1508. Reconnaissance des lieux et terroirs de Sallèles et du
« Limousis, par Pierre de Bellissens. »

(Doat, vol. 253, fol. 815, recto.)

« Les États du Languedoc se rassemblèrent à Alby le
« 15 octobre de l'année suivante 1499. Entre les sept commis-
« saires que le roi nomma pour y présider les principaux
« furent après le duc de Bourbonnais, gouverneur de la pro-
« vince, Louis d'Amboise, évêque d'Alby, le seigneur de Sal-

« lèles, chambellan du roi, et Guillaume de la Croix, gou-
« verneur de Montpellier. »

(Dom Vaissette, *Hist. gén. du Languedoc*, t. 5, p. 92.)

Seigneurs de Malves.

« La baronnie de Malves était dès la fin du xv° siècle pos-
« sédée par la maison de Bellissen, dont une branche éteinte
« aujourd'hui, en a longtemps porté le nom en 1750. Jean
« Claude de Bellissen était marquis de Malves. »

(Cartulaire de Carcassonne.)

Nous avons rappelé tout à l'heure que Bellissen, baron de Malves, avait sous Charles VIII défendu le Languedoc à la tête d'une troupe à sa solde. Le même document ajoute : « Bellissen Malves, soubs le roy François I, conduisit par « son ordre la légion de Languedoc en Italie. »

Guillaume de Bellissen, en 1488, faisait le dénombrement de la terre de Malves. Il était viguier de Carcassonne et châtelain de Fleur-d'Épine, seigneur de Malves, Sallèles, Limousis, Trasanel, Saint-Couat, Milhan, Milharest, Barberac, Rustiques, etc..... Il eut plusieurs fils :

1° Pierre Chevalier, seigneur de Sallèles et de Limousis, « qui en avait rendu hommage au roi Charles VIII, le « 11 avril 1497. Lequel du vivant de son père Guillaume, et en « considération des services qu'il lui avait rendus dans ses « guerres au delà des monts, pourvut et nomma ledit Pierre « viguier de sa ville de Carcassonne et châtelain de Fleur-« d'Épine. Il a formé la branche des barons et marquis de « Malves, éteinte par le décès de Jean-Claude de Bellissen, « marquis de Malves et de Talairan, décédé à Narbonne en « l'année 1750.

« 2° Jean Chevalier, seigneur de Bourigéolles et de Saint-« Couat, écuyer du roi François I, puis connétable, prévôt « et gouverneur de la ville de Carcassonne, par don du

« même roi, suivant les provisions du 28 août 1522. Il a
« formé la branche des seigneurs de Milhegrand de Camps et
« d'Airoux, qui subsiste encore en Languedoc. »

(LACHENAYE DES BOIS, Dictionn. de la noblesse, au mot BELLISSEN.)

Nous verrons dans la suite de ce précis historique plusieurs membres de la maison de Bellissen revêtus de la charge de connétable de Carcassonne. C'était une dignité importante. La cité de Carcassonne était le boulevard du Languedoc, et Anne de Joyeuse, maréchal de France et favori de Henri III, ne dédaigna pas de l'accepter longtemps après les Bellissen.

Liste des connétables ou gouverneurs de la cité de Carcassonne.

En 1484. Bernard de la Roche.
1500. Bernard de Lupé.
1518. Le sieur de Basillac.
1524. Jean de Bellissen, seigneur du Meilhan.
1538. Pierre de Bellissen, seigneur du Meilhan.
1588. De Lévis, fils du sieur de Mirepoix.
1590. Le maréchal duc de Joyeuse.

(Extrait de BESSE, *Histoire des comtes de Carcassonne*, p. 220 et 221.)

1498.

Mais revenons aux seigneurs de Malves. Guillaume de Bellissen, seigneur de Malves, fit son testament olographe le 6 avril 1498, et le déposa le 10 avril chez Bernard Fabre, notaire royal de Carcassonne. Dans ce testament, il demandait à être inhumé dans l'église paroissiale du lieu où il décéderait ; fit des legs à ses enfants et au posthume dont Raymonde (sans surnom) sa femme était enceinte. Et institua ses fils Arnaud, Jean et Pierre ses héritiers universels chacun par égale portion. (Copie collationnée, etc.)

1529.

« Roulle du ban et arrière-ban de la sénéchaussée de Car-
« cassonne, en suivant lequel les personnes y mentionnées
« ont été appelées à la monstre faite au lieu de Bannes en
« Minerbois, par devant le seigneur de Malves et de Sallèles,
« lieutenant de Monsieur le Sénéchal de Carcassonne. »

Puis suivent les noms. C'étaient : « Les hommes d'armes
« de la Viguerie de Carcassonne. Hommes d'armes de la Vi-
« guerie de Limour, Fenolhedes, Vermeney et Montréal.
« Hommes d'armes de l'Albigeois. Hommes d'armes de Nar-
« bonne. Hommes d'armes de la Viguerie de Béziers.
« Hommes d'armes de la Viguerie de Gignac.

« Archiers et Brigadiers de la Viguerie de Carcassonne.
« Archiers de la chastellenie de Montréal. Archiers de la
« Viguerie de Limour et du Vermeney. Les archiers d'Al-
« bigeois. Les archiers de la Viguerie d'Alby. Les archiers
« de Narbonne. Les archiers de Béziers. Les archiers de la
« Viguerie de Gignac. »

« Les Fibatiers (c'est-à-dire gens à fiefs) de Carcassonne, etc..., de Minerbois, etc...

(Dom VAISSETTE, *Hist. gén. du Languedoc*, p. 83, 84, 85, 86, 87, etc.)

« Le 25 may 1529, a esté faite la revue et monstre des
« nobles sujets au ban et arrière ban de la sénéchaussée de
« Carcassonne par noble homme Pierre de Bellissen, seigneur
« de Malves et Sallèles, lieutenant de M. le sénéchal de Car-
« cassonne et de Béziers. »

(Dom VAISSETTE, *Histoire générale du Languedoc*.)

1560.

« Pierre de Bellissens, seigneur de Malves, viguier de Car-
« cassonne, réunit sur sa tête la châtellenie de deux tours
« de Cabardès et la transmit à ses descendants. Marié à

« Françoise de Vernet, dame d'Hermissan, il eut pour
« enfants : 1° Antoine de Bellissen, seigneur de Malves,
« Salléles, Hermissan, viguier de Carcassonne qui testa en
« faveur de son frère Pierre qui suit le 2 décembre 1587;
« 2° Raymonde, qui épousa Pierre de la Redorte; 3° Pierre
« de Bellissen, seigneur de Durfort et puis de Malves,
« viguier de Carcassonne. Il épousa le 31 août 1599, Anne
« Lhuilier. »

(Jugements sur la noblesse de Carcassonne, généralité de Toulouse.)

1565.

« 1565. Janvier 22. Charles IX ayant fait son entrée dans
« Carcassonne, Bellisens, seigneur de Malves et viguier de
« Carcassonne, s'avança à la tête de cinq cent jeunes
« hommes et eut l'honneur de le haranguer. »

(P. BOUGES, *Histoire de Carcassonne*, p. 379).

1587.

« Les garnisons particulières du diocèse reçurent l'ordre
« de se rendre au siége de Burgairolles; Terride y conduisit
« celle de Malves.

(P. BOUGES, *Histoire de Carcassonne*, p. 379.)

« Octobre 1621. Le président Faure et le sieur de Bitault,
« s'étant rendus à l'assemblée des États (du Languedoc) le
« 5 octobre, en l'absence du duc de Montmorency, expo-
« sèrent que le duc de Rohan ayant rassemblé un grand
« nombre de troupes aux environs de Castres pour le secours
« de Montauban, elles s'étaient répandues dans les diocèses
« de Narbonne et de Carcassonne, où elles s'étaient emparées
« du lieu de Fison et de quelques autres postes. Sur cette
« représentation, on pria les barons de Mirepoix, de Couffo-
« lens et de Malves, de se rendre incessamment à Cannes, d'y

« assembler toutes les troupes qu'ils pourraient et de s'op-
« poser aux desseins des réligionnaires. »

(DOM VAISSETTE, *Histoire du Languedoc*, t. 5, p. 526.)

1637.

De Bellissen, baron et marquis de Malves, commandait une compagnie de cent gentilshommes volontaires au siége de Leucate, que dirigeait le duc d'Halwin.

Leucate était une forteresse située sur une montagne du même nom à l'extrémité du diocèse de Narbonne vers le Roussillon. Dom Vaissette (t. 5, page 613), passe en revue l'armée du duc d'Halwin, et expose son plan d'attaque. « Enfin, dit-il, le régiment de Vitry fut chargé de la cinquième attaque, il était soutenu par..... et les compagnies de chevau-légers de Boissat, du marquis de Saint-Croix, de Saussan et de Malves. »

« Paul de Bellissen, baron de Malves et de Talairan,
« maréchal de camp (7 août 1631), colonel de cavalerie
« (30 mars 1652, eut commission (12 avril 1661), des maré-
« chaux de France pour connaître des différents entre les
« gentilshommes du diocèse de Carcassonne. »

(Jugements sur la noblesse du Languedoc.)

17 décembre 1668.

Jugement souverain qui maintient Bernard et Paul de Bellissen, baron de Malves, etc., etc., dans leur noblesse et les déclare issus de noble race et lignée.

(Copie du jugement collationnée par le commis chargé de la garde des titres et archives du roi près la cour des Comptes, aides et finances de Montpellier).

Armes d'azur à trois bourdons d'argent, au chef cousu de gueules chargé de trois coquilles d'argent.

(Jugements sur la noblesse de Carcassonne, généralité de Toulouse.)

Jean-Claude de Bellissens, marquis de Malves résidant à Narbonne. A cette époque, la terre de Malves était sortie de la maison de Bellissen. (1750.)

1488.

Seigneurs de Saint-Couat.

« Guillaume de Bellissen était seigneur de Saint-Couat en 1488. »

(Cartulaire de l'ancien diocèse de Carcassonne.)

1522.

« Jean de Bellissen chevalier, seigneur de Bourigeolles et
« de Saint-Couat, écuyer du roi François Ier, puis conné-
« table, prévot, et gouverneur de la ville de Carcassonne par
« don du même roi, suivant les provisions du 28 août 1522.
« Il testa le 20 janvier 1536. Il a fait la branche des seigneurs
« de Millegrand, de Camps et d'Airoux qui subsiste encore
« en Languedoc. »

(LACHENAYE DES BOIS, *Dictionn. de la noblesse.*)

« Soubs le même roy François Ier, Bellissen Saint-Couat
« fut fait goubverneur de Carcassonne en récompense des
« services qu'il avait rendus à l'estat comme il appert par ses
« lettres patentes. Son fils Bellissen Saint-Couat fut fait
« goubverneur de Carcassonne, il était capitaine de chevau-
« légers. »

(Mémoire de service de Messieurs de Bellissen.)

1536.

« Jean de Bellissen, connétable et prévot de la cité de
« Carcassonne (20 janvier 1536), était seigneur de Saint-
« Couat. »

(Cartulaire de l'ancien diocèse de Carcassonne.)

1558.

Permission du pape Paul IV à noble Jeacques et Philippe de Bellissen, chanoines de la cité, à noble Armand de Bellisen, seigneur de Bourigeolles et à Jeacques de Bellisen, son fils; à demoiselle Anne de Puypérons, femme dudit seigneur de Bourigeolles et à demoiselle Ysabeau d'Astorg, veuve de noble Pierre de Bellissen, seigneur de Saint-Couat et de Millegrand, de faire gras en tout temps, et en même temps le pape les absout de tous les péchés qui entraînent l'excommunication, etc., etc. [1].

---

[1] Beatissime Pater.

Ut animarum de notorum vestrorum nobilium Jacobi et Philippi de Bellissen canonicorum ecclesiæ Carcassonnensis et Arnaldi de Bellissent domini in terralibus loci de Burgiroles fratrum et Jacobi de Bellissent Junioris..... Carcassonen-is...... Domicellarum Isabelle Astorghi relictæ quandam nobilis Petri de Bellissent et Anne de Puypérons mulierum Carcassonnensium Cathursensis diocesis illorum..... congregati fuerint uxorum et utriusque sexus liberorum salubrius consulatur, supplicant igitur vestræ sanctitati oratores præfati sibi liberalem gratiam facientes ut.... idoneus secularis vel cunisius ordinis zelatoris presbyter quem cuilibet ipsorum eligendum duxerit ipsos et eorum singulos quibus me excommunicationis suspensionis et interdicti aliisque ecclesiasticis sententiis censuris et pœnis a jure vel ab homine quamvis occasione vel causa latis ac votorum quorumcumque et ecclesiæ mandatorum transgressionibus perjuriorum et homicidii casualis vel mentalis reatibus manuum violentarum inquasme personnas ecclesiasticas. Nos tamen prelatos de præterito injectionibus jejuniorum orarumque canonicarum ac divinorum officiorum et privatorum in toto vel in parte omissionibus necnon ab omnibus et singulis eorum peccatis de quibus contriti fuerint et confessi etiamsi essent talia propter quæ foret sedes apostolica consulenda de reservatis exceptis contentis in bulla Cœnæ domini. Semel in vita et in mortis articulo de aliis non reservatis casibus totiens quotiens opus fuerit absolvere et pro commissis.... salutaremus. Injungere vota vero quæcumque ultra marino visitationis liminum Apostolorum Petri et Pauli de Urbe ac Jacobi in Compostella religionis..... Votis duntaxat exceptis in alia pietatis opera commutare et quæcumque juramenta sine alicujus præjudicio relaxare ac semel in vita et in mortis articulo plenam omnium peccatorum suorum remissionem et absolutionem apostolici auctoritate impendere, valeat liceatque

cuilibet oratori presbytero seu mobili vel graduato habere altare portalile cum debito honore super.... in locis ad hoc congruentibus etiam non sacris et ecclesiastico interdicto ordinaria auctoritate suppositis dummodo causam non dederint hujusmodi interdicto etiam antequam elucescat dies circa tamen diurnam lucem in suâ et familiarum suorum domesticorum præsentia missas et alia divina officia celebrare seu celebrare facere ab illis interesse necnon Eucharistiam et alia sacramenta ecclesiastica sine rectoris præjudicio præterquam in Pascale recipere et oratorum inibi decedentium corpora sine funerali pompa ecclesiastica tradi possent sepulturæ et insuper ut unam vel duas ecclesias aut duo vel tria altaria in partibus ubi oratores recederint quadragesimalibus et aliis an ni temporibus et diebus stationum urbis Romæ visitando tot indulgentias et peccatorum consequantur remissiones quas consequerentur singulis diebus eisdem...... dictæ urbis et extra eas personaliter visitarent præter ea eisdem quadragesimalibus et aliis temporibus et diebus prohibitionis butiro ac carnibus de utriusque medici consilio absque conscientiæ scrupulo uti vesci et frui. Cæterum ut singulæ mulieres una cum....
.. aut quatuor honestis..... earum quamlibet eligendis quater in anno quæcumque monasteria monialium cujusvis etiam sanctæ Claræ ordinis de in ibi..... etiam licentia ingredi...... conversari dummodo non pernoctent possunt. Et valeant concedere et indulgere signemini de gratiâ speciali..........
Ac Cancellariæ vestræ regulis quibuscumque non obstantibus, et de reservatis semel in vitâ et in articulo præmissis exceptis, ut supra et de non reservatis hujusmodi...... quotiens totiens opus fuerit ut supra et........................
et de commutatione votorum et..
et de plenaria remissione et absolutione..... et de altari portatili..............
et in locis ut supra....., et quod tempore interdicti oratorum in ibi corpora ecclesiasticæ tradi possit sepulturæ, et de usu ovorum butiri casei et lacti... ac carnium ut præfertur.......
Et de ingrediendi monasteria monialium pro singulis mulieribus ut supra ..... et cum derogatione Cancellariæ apostolicæ regularum in contrarium editorum, et quod et præsens indultum duret ad vitam oratorum et sola sufficiat signatura. Et quod presentium transumptis.... fides deturque pro singulo oratore ad partem ipsius nomen et cognomen uxorum et liberorum exprimendo fieri possuit.

En marge. Concessum ut petitur in præsentia....
Dato Romæ apud sanctum...
Pridie nonas septembris anno primo.

J. O. Bap. Osius

Visæ sunt per me Antonium Simonium vicarium domini Carcassonensis die prima mensis februarii millesimo quingentesimo, quinquagesimo, octavo.

P. Durandus.

Les passages laissés en blanc sont ceux qui sur l'original ont été effacés par le temps ou qui étaient devenus illisibles.

1562.

Les Bellissen Saint-Couat ont joué un très-grand rôle dans les guerres de religion qui, durant le xvie siècle, ont ensanglanté le Languedoc. En 1574, le seigneur de Fourquevaux fit un discours au roy « Du comportement de ses sujets ecclesiastiques, noblesse, justice et peuple des dioceses de Narbonne, Toulouse, Saint-Papoul, Lavaur, Montauban, Rieux et Commenge. A l'article noblesse, il signale comme un des plus fameux dans l'armée protestante, M. de Saint-Couat, gouverneur de Saissac, Cabardès et autres. » Le gouvernement de Cabardès était dans la famille de Bellissen depuis Charles VIII.

(Voir Dom Vaissette, *Hist. du Languedoc*, preuves, t. 5, p, 229.)

En 1562 les guerres de religion étaient dans toute leur fureur, et à Carcassonne, protestants et catholiques se faisaient une guerre à outrance. « Les catholiques, dit dom Vaissette, avertis du départ des religionnaires, les poursuivirent, en tuèrent quelques-uns et blessèrent quelques autres. Ceux qui, pour se sauver, voulurent passer sur le pont, furent assaillis par ceux de la cité, qui leur tirèrent plusieurs coups de fauconneau et d'arquebuse, et ils furent obligés de passer, hommes, femmes et enfants, la rivière à gué, en sorte que plusieurs furent noyés. Enfin, il n'en serait pas resté un seul, si le seigneur de Saint-Couat, gentilhomme du pays, n'eût favorisé leur retraite avec un corps de troupes. Ils se retirèrent partie à Limoux, partie dans les lieux voisins. »

(*Histoire du Languedoc*, t. 5, p. 216.)

Saint-Couat ne tarda pas à prendre une terrible revanche l'année suivante, 1569. « Une partie de ses troupes, com-
« mandées par Saint-Couat ayant pris son chemin par
« Saint-Jean de Paracol au diocèse d'Alet, pilla, blessa, massacra « ou dissipa en passant, le 28 août, 7 à 8 mille ca-

« tholiques, qui s'y étaient rassemblés pour la fête du lieu. »
(Dom Vaissette, p. 297, t. 5.)

Ce même Monsieur de Saint-Couat recevait, à la même époque, d'Henry (Henry III) et d'Henry de Bourbon (Henry IV) la lettre suivante :

Monsieur de Saint-Couat,

Nous avons cy-devant envoyé commission aux conseillers estant à Montauban et Castres, pour vandre et alliener le temporel ecclesiastique estant au ressort du parlement de Thoulouse ; et bien que la cause de ladite allienation soit si juste et raisonnable qu'aucun n'ayant occasion de doubter de la validité d'icelle, si est ce que, pour plus grande asseurance, nous envoyons auxdits conseillers lettres pattantes pour obliger tous et chacuns nos biens pour la seurté de ceux là qui vouldront entendre ausdicts achapts ; et d'aultant que plusieurs, comme nous avons entendu, souhayteraient que vous entrissiez en même obligation, pensant par là vous rendre plus affectionnez, leur conserver la possession desdicts biens achaptés, nous avons bien vollu vous faire la présente, pour vous prier ne faire difficulté consentir la dicte obligation et garantie, de laquelle vous ne recepvrez aucune incommodité. Car pour ce qu'avec l'ayde de Dieu, nous rangerons ces affaires de telle façon que les prebtres n'auront de longtemps moyen quereller ou débattre les dictes allienations. Quand vous serez, pour ce regard, poursuivy ou inquiété, nous vous promettons, par ces présentes, prendre la garantie et défence pour vous bien indemnyser et mectre hors de l'interest que vous pourrez pour ce regard souffrir. Et sur ce, faisant fin à la présente, nous prierons le Créateur vous tenir, Monsieur de Saint-Couat, en sa sainte garde.

A Nanctes, ce 15ᵉ de juing 1569.

Vos bons amys,

Henry.

Henry de Bourbon.

Au pli : Monsieur de Saint-Couat.

1569.

Seigneurs de Rustiques.

« Guillaume de Bellissen, seigneur de Rustiques en 1496.
« Diocèse de Carcassonne, quartier de Trèbes. Le sei-
« gneur de Rustiques possédait à titre patrimonial la haute
« moyenne et basse justice, laquelle ressortait de la sé-
« néchaussée de Carcassonne. Il y avait deux consuls à
« Rustiques. L'élection avait lieu le 1er janvier. La commu-
« nauté présentait trois sujets pour le premier et trois pour
« le deuxième consul au seigneur qui faisait le choix. Ils
« prêtaient serment devant le seigneur ou son juge. »

(Cros-Mayreville, Mémoire de la Société des arts et des sciences de Carcassonne.)

Pierre de Bellissen, seigneur de Malves, Sallèles, Limousis, etc., succéda également à son père Guillaume dans la seigneurie de Rustiques, le 21 janvier 1538. Il fit par son testament, François de Bellissen son cinquième fils légataire de la quatrième partie de la seigneurie de Rustiques. François de Bellissen, coseigneur de Rustiques et capitaine du château de Queribus, vint s'etablir dans le comté de Foix pour son mariage (16 janvier 1556) avec Françoise du Puy, fille de feu noble Pierre du Puy, quand vivait habitant de Labastide de Sérou, et de demoiselle Germaine de Claverie, sa veuve. François de Bellissen devint seigneur de Menjot, et fut tué sous la ville des Bordes qu'il était venu attaquer durant les guerres de religion (11 fevrier 1568). C'est de lui que sont issues les branches de Castelnau-de-Durban et de Bénac, dont nous donnerons plus loin la généalogie.

« Dénombrement par François de Bellissen de la qua-
« trième partie de la seigneurie de Rustiques avec château,
« justice haute moyenne et basse mouvant noblement et
« seulement de sa majesté à foy et hommage et à lui léguée
« par feu son père, pour laquelle portion, il était tenu avec

« Pierre de Bellissen, seigneur de Malves et de Sallèles, de
« fournir un archer à cheval au ban et arrière ban de la Sé-
« néchaussée.

Seigneurs de Milhegrand, Milhan, Milharet

Prévoté, prieuré, terre seigneuriale.

« Le prieuré de Milhegrand est un bénéfice simple qui,
« dans le xii° siècle, fut uni à l'abbaye de la Grasse et
« qui forma plus tard, le titre et le revenu du prévôt. Celui-
« ci était en même temps seigneur en toute justice du terri-
« toire de la prévôté, qui s'étendait dans les communautés
« de Badens, Trèbes, Rustiques et Barbairan, cette dernière
« est celle dans laquelle est assise la plus grande partie des
« biens formant les revenus du bénéfice. L'abbaye de la Grasse
« a joui de cette prévôté jusqu'à l'époque à laquelle Dom Jean
« de Bellissen, qui en était pourvu, la résigna vers la fin du
« xvi° siècle, à messire de Bellissen, chanoine de l'église de
« Carcassonne.

« Dom Jean de Bellissen vendit successivement à Pierre,
« son père, la directe et la justice de la métairie de Milhan,
« dont le produit fut versé au Trésor royal pour le rachat de
« François I‍er. Cette vente fut faite par procès-verbal dressé
« par M. le sénéchal de Carcassonne, suivant lequel Jean de
« Bellissen réserva la suzeraineté de l'hommage à chaque mu-
« tation. Le dernier hommage a été rendu au titulaire actuel
« de la prévôté par messire Jean-Hyacinthe de Bellissen,
« dernier de cette branche, acte reçu par Peyre, notaire à Car-
« cassonne le 11 octobre 1777. Lequel acte rappelle les an-
« ciens hommages déposés aux archives de l'abbaye de la
« Grasse, et notamment celui qui fut rendu par noble Guil-
« laume de Bellissen à noble Jean Férreri, prévôt de Milhan,
« le 20 février 1493. Acte retenu par Foncia, notaire de la cité
« de Carcassonne. Le château du prévôt de Milhegrand, dont
« il reste encore des vestiges, dominait sur le village de Bar-

« bairan, qu'il avait à l'aspect du midi. L'on voit encore aux
« environs de la Tuilerie les vestiges de son église ou chapelle,
« sous l'invocation de Saint-Pierre autour de laquelle était le
« village de Milhan, avant la guerre des Albigeois; laquelle
« ancienne église, tombée aujourd'hui en vétusté, forme encore
« aujourd'hui le titre de prieuré appelé Saint-Pierre de Milhan
« ou Milharest, situé dans la paroisse et consulat de Barbairan,
« et qui forme une dépendance de la prévôté de Milhegrand.

« Lors de la visite de Pierre d'Auxillon, évêque de Carcas-
« sonne, ce qui remonte aux premières années du xvi° siè-
« cle, les habitants de Barbairan répondant aux interpella-
« tions qui leur furent adressées par ce prélat, déclarèrent
« qu'il n'y avait dans la paroisse que la chapelle champêtre
« du Prévôt de Milhan en activité de service, et que les ha-
« bitants des métairies étaient tenus de venir recevoir les sa-
« crements dans l'église paroissiale de Barbairan. Ancienne-
« ment on désignait le titre de la Prévôté de son château ou
« de son village, sous le nom de Milha, puis Milhan et enfin
« Milhegrand pour le distinguer sans doute de Milhepetit mé-
« tairie dépendante de la Prévôté. Autrefois ce qui est au-
« jourd'hui château de Milhegrand, était une métairie dé-
« pendante de la prévôté de Milhan. Pierre de Bellis-
« sen ayant acheté de son frère, comme nous l'avons dit,
« la directe et la justice de la métairie dépendante de la
« prévôté changea dès lors le nom de ce domaine en celui
« de Milhegrand et obtint de son père, prévôt réduit à la su-
« zeraineté, d'entourer de murailles la métairie de Milhe-
« grand. En 1714, les descendants de Pierre de Bellissen, non
« contents d'avoir à leur porte l'exercice spirituel du prieuré,
« obtinrent de M. de Grignan, évêque de Carcassonne, une
« ordonnance portant érection en paroisse du prieuré de
« Milhegrand. Mais messire Amable de Cathelan, chanoine
« et chantre de l'église métropolitaine de Toulouse et prévôt
« de Milhegrand, forma opposition à l'exécution, opposition
« qui a été constamment soutenue avec succès par le prévôt

« de Milhegrand chaque fois que les évêques successeurs de
« M. de Grignan ont voulu passer à l'exécution de l'ordon-
« nance de ce prélat, » etc...

« Les seigneurs de Milhegrand firent des tentatives pour
« faire ériger leur terre en communauté, car on trouve dans
« les archives du diocèse de Carcassonne des rôles d'imposi-
« tions de la communauté de Milhegrand qui remontent au
« commencement du xviii° siècle; mais ces tentatives n'eu-
« rent point de suite, sans doute par suite des oppositions
« des titulaires de la prévôté. »

(Mahul, Cartulaire.)

Seigneurs de Milhepetit.

« La terre de Milhepetit après avoir été possédée durant
« les xvi°, et xvii° siècles par la maison de Bellissen passa de-
« puis à la maison de Montferré en Roussillon. »

Seigneurs de la maison de Bellissen.

I. Jean de Bellissen, seigneur de Milhepetit, testa le 16 juin 1545, et fut père de :
II. Jean de Bellissen, seigneur de Milhepetit, et eut pour fils.
III. Pierre de Bellissen, seigneur de Milhepetit, père de :
IV. Jean de Bellissen, seigneur de Milhepetit. Il testa le 17 décembre 1648, et eut pour fils : 1° Simon de Bellissen, seigneur de Milhepetit. 2° Pierre de Bellissen, seigneur de Fontauriol.
V. Simon de Bellissen, seigneur de Milhepetit, testa le 16 octobre 1667, et fut père de : 1° Guillaume, 2° Étienne de Bellissen.

(Jugements sur la noblesse du Languedoc, 1668.)

Jeacquette de Bellissen avait épousé Joseph de Banyuls, marquis de Montferré.

(Archives de la noblesse de France, par Lainé, t. 2, p. 9.)

Seigneurs de Talairan.

1644. Bernard de Bellissen, seigneur de Malves, fait l'acquisition de la baronnie de Talairan. Il avait épousé Claire de Mauléon, dont : 1° Pierre de Bellissen, seigneur de Salléles, mort à Arras sans héritiers. 2° Paul de Bellissen, seigneur de Salléles, puis baron de Talairan.

<small>(Histoire généalogique de la maison de Rieux, manuscrit de la Bibliothèque de Carcassonne.)</small>

1650. Paul de Bellissen, baron de Malves et seigneur de Talairan.

<small>(Jugements sur la noblesse du Languedoc.)</small>

1750. Érection de la terre de Talairan en marquisat en faveur de M. de Bellissen. Le brevet en est aux archives de Montpellier.

<small>(Voir le *Traité des fiefs* au mot TALAIRAN.)</small>

Gouverneurs de Cabardés.

Le château de Cabardés était une des forteresses les plus importantes de la frontière du Languedoc.

« Bellissen, baron de Malves soubs Charles huict, loua une
« troupe à sa solde et défendit le Languedoc. En récompense
« le roy Charles huict lui donna la terre de Salléles et à son
« fils le goubernement des tours de Cabardés, qui est depuis
« sans interruption dans la maison comme il paraît par les
« lettres patentes qu'il en a. »

<small>(Mémoire de service de Messieurs de Bellissen.)</small>

Châtelains de Fleur-d'Épine.

I. Guillaume de Bellissen, seigneur de Malves, châtelain de Fleur-d'Épine pourvu le 7 juin 1498.

Pierre de Bellissen, en 1501.

Pierre de Bellissen est porté pour 45 livres 12 sols six

deniers à raison de ses gages de châtelain du château royal de Fleur-d'Épine et pour 36 livres 12 sols, pour deux secrétaires y résidans (Viguerie).

Pierre de Bellissen pourvu le 24 mars 1564 réunit en sa personne la capitainerie des deux tours de Cabardés et la transmit à ses successeurs.

Châtelains de Cabardés.

Pierre de Bellissen, viguier de Carcassonne, pourvu en 1564, jusqu'à sa mort, décembre 1575. Il fut aussi châtelain de la Tour Neuve au Puits de Cabaret.

Antoine de Bellissen, seigneur de Malves, pourvu le 24 juin 1578. — 1585.

Philippe de Bellissen, 1602.

Bernard de Bellissen, 1637.

De Bellissen, baron de Malves 1663, le 1er mars de cette année, expédie des lettres de major des deux châteaux de Cabaret à Jean de Celles, écuyer de Bagnolles.

Jean Hyacinthe de Bellissen, marquis d'Ayroux, 1770.

Seigneurs de Montclar.

Branche des Bellissen Cailhavel.

1609. — Bernard de Bellissen, seigneur de Montclar, fils d'Arnaud de Bellissen, seigneur de Bourigeolles.

1670. — Jean Renaud de Bellissen, seigneur de Montclar qui épousa le 11 février 1668 Françoise Marescot est maintenu en noblesse avec son père le 28 mars 1670 (Jugements sur la noblesse du Languedoc).

1759 à 1795. — M. de Bellissen est seigneur de Montclar.

(Archives de la préfecture de l'Aude.)

De cette branche de la maison de Bellissen dite de Cailhavel était le commandeur de de Montclar.

(Cartulaire du diocèse de Carcassonne, t. 5, p. 270.)

Seigneurs de Montréal.

« Bellissen. — Nous avons souvent mentionné les branches
« nombreuses de la maison de Bellissen qui ont fleuri dans
« nos contrées. Nous avons mentionné notamment la branche
« de Cailhavel, château situé aux environs de Montréal dans
« l'arrondissement de Limoux (Voir ci-dessus Montclar, Car-
« tulaire, p. 237). Cette branche posséda dans le XVIIe siècle
« la terre de Montclar et en avait conservé le titre. Elle eut
« longtemps une résidence à Montréal et compte plusieurs
« ecclésiastiques dans les dignités du chapitre collégial de
« cette ville. De cette branche était l'abbé de Bellissen (Marie-
« Pierre-Louis), chanoine de Montréal (Voir Serviés-en-Val,
« cartulaire de Carcassonne, t. 2, p. 634), et un autre abbé
« de Bellissen (Gabriel). Celui-ci grand vicaire de Tarbes, au-
« mônier de M. le comte d'Artois, chanoine honoraire de
« Carcassonne, décédé à Montréal le 30 juillet 1824, âgé de
« 74 ans.

« C'est ici le lieu de reproduire une notice intéressante sur le
« commandeur de Montclar frère des deux abbés de Bellissen
« que nous venons de nommer, et qui appartient comme eux
« à Montréal où il fit une longue résidence et où sa dépouille
« mortelle repose dans le cimetière de cette ville. »

Notice sur le commandeur de Montclar.

(Voyage à Rennes-les-bains, par M. de la Bouisse-Rochefort. Paris, 1832, in-8°, p. 370 et sqq).

« Pierre de Bellissen-Montclar, fils de Guillaume de Bellissen et de Thérèse de Mauléon-Narbonne, nacquit au château de Cailhavel, près Limoux, l'une des terres de sa famille,
le 21 juin 1751. Il fit ses études au collége de Sorèze et de
là il fut envoyé à Paris et reçu lieutenant d'artillerie en 1768.
Deux ans après, le 2 novembre, il fut reçu chevalier de justice de l'Ordre de Malte, dans la langue de Provence. Il
était le second capitaine du régiment de Besançon, lorsque

la marche cruelle des événements le força à émigrer de Maubeuge, où il était employé, le 12 mai 1792. Il se rendit à Liége et y suivit le mouvement de l'armée royale commandée par Monsieur le duc de Bourbon. Il se trouva à la bataille de Famars après laquelle cette armée ayant été licenciée, il entra au service du stathouder, reçut un acte de naturalisation, et fut nommé par ce souverain capitaine d'artillerie. Le 15 mai 1794 il assista à la prise de Landrecies et fut envoyé au camp retranché devant Maubeuge.

Le 27 juin la position fut coupée de toutes parts et il eut à participer à une retraite longue et pénible dans laquelle il fut assez heureux pour sauver le seul parc d'artillerie du prince d'Orange.

Pour cet effet, il se servit des chevaux des fermiers de tous les environs, qui s'étaient réfugiés sous sa protection et que de son chef il mit à la solde de l'État. Arrivé à Berg-op-Zoom le 28 juillet, il fut chargé de mettre en état de siége cette place importante, mais le général Pichegru ayant effectué rapidement l'envahissement de la Hollande, le chevalier, depuis commandeur de Montclar, fut obligé de quitter Berg-op-Zoom et d'émigrer en quelque sorte une seconde fois puisqu'il avait été naturalisé en Hollande. Parvenu à Flessingue, il s'embarqua sur un cutter anglais pour suivre le prince d'Orange à Londres, où il s'était établi avec toute sa famille à Hampton-Court. M. de Bellissen fut au nombre des plus assidus courtisans de cette demeure; mais l'oisiveté lui étant à charge, le chevalier de Montclar demanda un congé pour se rendre à Constantinople où bon accueil lui était promis. Il partit le 17 juillet 1795, en passant par Yarmouth, Cuxhaven, Hambourg, Berlin, Dresde, Pilnitz, Prague, Vienne, Temeswar, Hermanstadt, Bucharest, Silistria, s'embarqua à Varna le 21 octobre sur un vaisseau grec et débarqua à Constantinople le 27 du même mois.

Il avait obtenu avec l'agrément de Louis XVIII, une capitulation de Sélim III, pour servir dans les arsenaux et fonderies du grand seigneur, qui lui valut 12,000 fr. de traitement et en outre le logement, un drogman et un janissaire payés par la Sublime-Porte. Mais l'ambassadeur de la République française, Aubert du Bayet, parvint à faire écarter l'émigré français. Le 8 août 1797, M. de Bellissen quitta Constantinople: il se rendit par mer à Odessa, et après avoir purgé sa quarantaine, il passa par Moscou et arriva, le 27 janvier 1798, à Saint-Pétersbourg où il fut très-bien reçu par le ministre prince Kourakin, auquel il remit de pressantes lettres de recommandation. Il fut aussi présenté à l'empereur Paul Ier qui, charmé de recruter des officiers français d'artillerie, de génie ou de marine, le nomma capitaine. Ce grade qui répondait peu à ses services antérieurs auprès d'autres puissances, déplut au chevalier de Montclar d'autant plus qu'il voyait tous ses anciens camarades, même ses cadets, occupant des postes plus brillants, il refusa. L'empereur se montra fort mécontent, ce qui fut cause qu'on conseilla à M. de Bellissen de s'absenter de la capitale le plus tôt qu'il pourrait. Sur ces entrefaites le prince Sapieha, dont les terres étaient sur les confins de la Pologne, touchant presque aux frontières de Russie, désirait s'instruire plus particulièrement de l'art de la guerre et surtout de l'attaque et de la défense des places. On proposa l'affaire au chevalier de Montclar qui se vit presque contraint d'accepter pour se soustraire au courroux du sévère et capricieux autocrate. Il donnait donc à son élève des leçons de mathématique et de stratégie, lorsqu'un jour le prince lui dit : Ne pourriez-vous pas faire construire quelques modèles de fortifications? Rien de plus aisé, répondit M. de Bellissen, et tout de suite des paysans ayant été mis à sa disposition, on bouleverse les terres, on les entasse, on forme un espèce de fort entouré de fortifications et les démonstrations commencent. L'ouvrage n'était pas encore terminé, lorsque le 27 juin à six heures du soir, dans un bal que donnait à Wilna le prince Sapieha, entrent tout à coup quatre Feltzerger, qui s'emparent du chevalier, le précipitent dans un tibick et partent en poste. Il fut un peu surpris de cet enlèvement dont il ignorait la cause. Qu'avait-il fait ? Qu'avait-il dit ?..

A l'entrée de la ville de Mittau, se voyant entouré de plusieurs personnes qui le considéraient avec curiosité, il se mit à dire, sans regarder ni à droite ni à gauche : « Je suis Français émigré; si quelqu'un de vous connaît M. de Guilhermy (son compatriote), je le prie d'aller le prévenir de se trouver sur le pont à mon passage. » Les Cosaques qui l'entouraient, étonnés de l'entendre parler sans se détourner, et ne comprenant rien à ce qu'il disait, n'y firent pas autrement attention. Dès qu'il parut devant le gouverneur de Mittau, celui-ci lui reprocha d'avoir osé élever un fort près de la frontière de Russie, et le menaça des plus rudes traitements. Alors le prisonnier apprit que le refus qu'il avait fait d'être capitaine, et surtout la circonstance de s'être attaché à un personnage suspect à la Cour ayant excité les soupçons, on avait surveillé sa conduite, et qu'on lui faisait un crime de son misérable essai de fortification. Reparti pour sa destination, au moment où il allait franchir le pont, le prisonnier, qui sentait désormais ce que sa position pouvait avoir de compromettant pour lui, se mit à dire avec les mêmes précautions que la première fois : « Si M. de Guilhermi est présent, que ni lui, ni aucun autre émigré ne s'approche de ma voiture; il se compromettrait gravement et à pure perte. » Dès qu'il fut à Saint-Pétersbourg, le prince Kourakin, dans l'hôtel duquel il était prisonnier, ne tarda pas à aller le trouver, et après avoir entendu la justification simple, claire et franche de l'accusé, il parut frappé de son innocence. Aussi à son retour de chez l'empereur qui était à Petrow, il lui annonça une pleine liberté de la part de sa Majesté impériale. Le chevalier de Montclar retourna chez son bienfaiteur le prince François Sapieha, et, peu de mois après (janvier 1799), il fut rappelé à Saint-Pétersbourg pour y occuper un emploi dans la chancellerie de Malte.

M. de Bellissen fut très-bien accueilli cette fois par Paul Ier, qui, au commencement de 1801, lui conféra une commanderie dans le Grand Prieuré russe catholique. Ce fut peu de temps après que ce monarque fut assassiné par les principaux seigneurs de sa Cour. Le commandeur de Montclar témoigna hautement les regrets qu'il portait à son auguste bienfaiteur. Ces témoignages d'attachement ne déplurent pas à son successeur Alexandre, qui lui confia plusieurs missions. Il fut d'abord envoyé à Rome près du Saint-Père pour la négociation des affaires de l'ordre, en même temps il alla à Berlin, à Vienne et à Naples, pour se concerter avec les prieurs de l'ordre. Il se rendit enfin à Messine, où il était chargé avec son collègue le comte Raczinski d'introniser le grand-maître Thomassi, auquel il remit les insignes du rang où il venait de monter : la couronne du feu grand-maître Paul Ier, les sceaux, le poignard de la foi, l'étendard de la religion, les titres et papiers de la chancellerie ainsi qu'une lettre autographe de l'empereur Alexandre. Le commandeur de Montclar résida ensuite trois mois à Catane. Après la mort du grand-maître Thomassi, il fut nommé chargé d'affaires auprès des deux grands prieurs de Russie, et influença en cette qualité l'élection du Bailli Caracciole de Saint-Érasme, seigneur napolitain. La France, par l'entremise de son ambassadeur le cardinal Fesch, s'opposa à ce que le pape confirmât cette élection. Cependant la paix de Tilsitt fut conclue ; la Russie devint l'alliée de la France, et se trouva par conséquent dans un système opposé à l'Angleterre. Celle-ci, qui dominait en Sicile, obligea M. de Montclar à sortir de l'île et à se retirer à Trieste, où il rendit compte à sa cour de sa position. La chancellerie lui répondit qu'il pouvait revenir à Saint-Pétersbourg ou attendre à Trieste que des événements plus heureux lui permissent de reprendre son poste en Sicile. Ce moment-là ne vint point, de sorte que de guerre lasse, après avoir obtenu l'autorisation d'Alexandre et des passeports du prince Kourakin alors ambassadeur à Vienne, il rentra en France le

1ᵉʳ janvier 1809, et vint paisiblement terminer ses jours à Montréal, au sein de sa famille, le 3 avril 1832. A la Restauration, le commandeur de Bellissen avait obtenu de Louis XVIII la croix de Saint-Louis, et de Guillaume Iᵉʳ, roi des Pays-Bas, la croix d'or de son ordre royal et militaire. »

La maison de Bellissen comptait alors dans l'ordre de Malte : Guillaume-Élisabeth de Bellissen, chevalier de Malte, né le 21 mai 1757, reçu le 14 juillet 1778, et Pierre de Bellissen, reçu le 2 novembre 1778.

(Liste authentique des chevaliers de Malte. Malte, 1787, in-12.)

Seigneurs d'Airoux.

Jean de Bellissen, chevalier, seigneur de Camps, colonel d'un régiment d'infanterie, épousa le 3 juillet 1696, Françoise de Bannes d'Avéjan, de laquelle il eut Jacques Henri de Bellissen, chevalier, marquis d'Ayroux, qui a épousé en l'an 1733 Anne de Grave, dont il eut :

1° Jean Hyacinthe, qui suit.

2° et N... de Bellissen, dit le chevalier de Bellissen, lieutenant dans le régiment de Normandie, tué en 1760 à l'affaire de Vesel, et quatre filles.

Jean-Hyacinthe de Bellissen, chevalier, marquis d'Airoux, gouverneur du château de Cabardés, né en 1736, a été d'abord reçu page du roi sur les preuves de sa noblesse, est aujourd'hui lieutenant au régiment de la maistre de Camps-Dragons.

(LACHENAYE DES BOIS, *Généalogie de la maison de Bellissen.*)

Jean-Hyacinthe de Bellissen, marquis d'Airoux, a épousé Flore-Françoise Tristan de Godailles, d'Airas de Sieurac.

Flore-Françoise Tristan de Gaudailles Dairas de Cieurac, veuve de noble Jean-Hyacinthe, marquis de Bellissens, seigneur de Milhegrand demeurant à Montauban, figura à l'Assemblée générale de trois ordres de la Sénéchaussée de Carcassonne le 17 mars 1789.

<small>(Catalogue des gentilshommes du Languedoc. Louis de la Roque et de Barthélemy.)</small>

Henri marquis de Bellissen a été d'abord chambellan de l'empereur Napoléon I, comte de l'empire. « Armoiries : « Écartelé au premier de comte, officier de la maison de sa « majesté l'empereur, au deuxième et troisième d'azur à trois « bourdons de pèlerin en val d'or, au comble de gueules « chargé de trois coquilles d'argent, au quatrième d'azur à « trois papillons. »

<small>(Armorial général de l'Empire. XXVIII, p. 29.)</small>

Il a épousé mademoiselle Amélie de la Galissonnière, nièce du fameux amiral de ce nom. Sous la Restauration M. le marquis de Bellissen a été nommé gentilhomme honoraire de la chambre du roi, et député du collége départemental de Tarn-et-Garonne.

Rentré dans la retraite à la suite de la révolution de 1830, et devenu aveugle, M. le marquis de Bellissen a honoré sa vieillesse par des œuvres de bienfaisance. L'orphelinat et l'asile qu'il a fondés sur ses terres auprès de son château de Montbeton à quelques kilomètres de Montauban en ont fait la providence des malheureux de ces contrées [1].

---

[1] Le journal le *Constitutionnel* sous ce titre : *Une excursion dans les environs de Montauban* a ainsi rendu compte des fondations charitables du marquis de Bellissen : « Le château de Montbeton se trouve situé sur un des riants et fertiles coteaux qui dominent la jolie ville de Montauban. Il faut voir avec quelle grâce coquette la cité méridionale étale ses beaux quais et leurs blanches maisons. Sous son ciel si pur tout semble sourire, et l'on a peine à croire qu'elle fut un jour farouche et repoussa après un long siége les armées de Sa Majesté le roi Très-Chrétien.

Il était pourtant là le roi Louis XIII, avec son connétable et ses seigneurs, dans ce château de Montbeton, ayant sans cesse sous les yeux les défis de cette audacieuse rebelle. On voit encore au château, et les appartements et le lit qu'occupa le monarque. Le calme a succédé au fracas des hommes,

Sa fille unique Flora de Bellissen a épousé M. le comte de

d'armes, et si quelque voyageur venait frapper à la porte de l'hospitalière demeure, il rencontrerait un vieillard qu'une petite fille au visage éveillé conduit par la main. Si vous interrogiez l'enfant, elle vous dirait qu'à quelques pas du château cinquante-quatre orphelines comme elle, hier sans pain, sans asile, sans soutien, vivent heureuses et dans l'abondance. Là elles ont trouvé des soins de mère dans dix religieuses qui se sont consacrées à les élever et à les servir ; là elles apprennent tous les arts utiles qui les rendront un jour de vertueuses et dignes paysannes. Leur cœur s'élève et se fortifie ; heureux enfants de ne connaître encore de l'humanité que des bienfaiteurs !

Ne préférez-vous pas aux splendeurs du roi Louis XIII et de sa cour le spectacle de ce vieillard et de cette jeune fille? Nés aux deux extrémités de l'échelle sociale, placés aux âges les plus opposés de la vie, le grand seigneur qui n'a jamais connu que les délicatesses du luxe va au-devant de ces enfants abandonnées à tous les dénûments, il les recueille, il nourrit les corps, il élève leurs âmes. Eh bien ! ce sera là un des grands côtés du XIXe siècle ; une société et un pays où la fraternité chrétienne est ainsi pratiquée ne sauraient être en décadence. Allez, descendant d'une des plus anciennes familles méridionales et vous, pauvres enfants abandonnées, mettez vos mains l'une dans l'autre, vous êtes la plus haute expression du progrès social....

Grâce au ciel, les institutions de bienfaisance sont nombreuses en France, mais il en est peu où le génie de la charité se soit déployé comme à l'Orphelinat de Montbeton.

La cruelle infirmité qui a frappé M. le marquis de Bellissen semble avoir développé en lui une vue intérieure plus parfaite encore que celle des yeux. Ce beau bâtiment, entouré d'un cloître, c'est lui seul qui en a conçu le plan et qui a présidé à sa distribution. D'une architecture noble et imposante, cette belle construction s'élève sur un riant coteau. L'œil y jouit d'un magnifique point de vue : d'un côté, le Tarn qui serpente dans la vallée, Montauban, son beau pont, ses promenades ; de l'autre de belles et riches plaines ; et par un beau temps, dans le lointain, les cimes neigeuses des Pyrénées.

Mais pénétrons dans l'Orphelinat. Une porte entr'ouverte laisse apercevoir de nombreuses jeunes filles dans de vastes salles bien aérées ; elles se livrent à tous les travaux de l'aiguille. Leur costume est simple, c'est celui de paysanne qu'elles sont destinées à porter ; mais il est gracieux et leur sied bien. Deux religieuses dirigent le travail et président au silencieux atelier.

Quiconque est entré dans une chaumière du Midi de la France comprendra le service immense que rend au pays M. le marquis de Bellissen par les habitudes d'ordre et de propreté qu'il donne à ces futures ménagères. Les dortoirs et la lingerie de l'Orphelinat de Montbeton sont des modèles en ce genre que visiteraient avec fruit non-seulement ceux qui s'occupent

Ménars, fils unique du chevalier d'honneur de madame la Duchesse de Berry.

La maison de Bellissen a possédé en Languedoc d'autres seigneuries dont les noms suivent :

---

d'asiles de charité, mais les chefs d'établissement d'éducation. Que l'honneur en soit aussi rendu aux intelligentes et modestes religieuses. A côté de l'établissement se trouvent de belles et vastes dépendances où les orphelines apprennent tous les métiers de leur condition.

L'aimable vieillard nous montrait les vastes salles de l'Orphelinat qu'il ne lui était pas donné de contempler avec nous. Le son de l'orgue se fit entendre, et bientôt nous étions dans une ravissante chapelle gothique à l'ornementation de laquelle a présidé le goût artistique le plus pur. C'était un touchant spectacle que celui de ce vieillard aveugle écoutant dans le ravissement ces voix enfantines et fraîches qui s'élevaient pour lui vers le ciel. C'est ainsi que se développe à Montbeton le sentiment musical inné dans les races méridionales, et plus tard dans les tourmentes de la vie, l'orpheline se sentira fortifiée par le ressouvenir de quelque pieux cantique de ses jeunes années. Un doux chant fait oublier au pauvre bien des misères et bien des douleurs dans cette patrie du ciel bleu et du soleil. A quelques mètres de l'Orphelinat s'élève un bâtiment aux hautes et belles arcades (car Montbeton est devenu une cité de la charité). Touchant et poétique contraste ! C'est un asile de vieillards. Il est une misère plus affreuse encore que celle de l'enfant, parce qu'elle est sans espérance : c'est celle de la vieillesse. M. le marquis de Bellissen a rapproché ces deux âges et ces deux misères pour les soulager.

C'est ici, sous ces arcades bien exposées au midi, que durant l'hiver dix vieux ménages viennent se chauffer au bienfaisant soleil de ces contrées, tandis qu'au nord un jardin qu'ils cultivent leur permet de se reposer à l'ombre durant l'été. Vis-à-vis sa porte chaque ménage possède une petite étable ; il y renferme quelques animaux dont la vente constitue pour lui un profit ou qui doivent servir à son alimentation.

Non loin de là a été construite une infirmerie isolée pour prévenir toute contagion, et un dispensaire a été établi pour donner des médicaments gratuits aux nécessiteux du pays.

A la vue de ces admirables créations de la fortune unie à la charité, on forme un vœu pour ces contrées : c'est que le ciel accorde encore de longs jours à ce bon vieillard qui a voulu assurer la perpétuité de ces bienfaits et dont le nom et la mémoire seront à jamais bénis.

Seigneurs de Meillan.

1524. Jean de Bellissen, seigneur de Meillan, connétable de la cité de Carcassonne.

1538. Pierre de Bellissen, seigneur de Meillan, connétable de la cité de Carcassonne.

(Besse, Histoire des comtes de Carcassonne, p. 220 et 221.)

Seigneurs de Bourigeolles.

Jean de Bellissen, seigneur de Bourigeolles et de Saint-Couat, connétable et prévôt de Carcassonne par don du roi du 28 août 1522, avait dénombré le 21 janvier 1504 et testa le 20 janvier 1536, etc. . . . . .

(Jugements sur la noblesse du Languedoc par M. de Besons. Alet, 1669.)

Seigneurs de Couquissat.

Renaud de Bellissen, seigneur de Couquissat (1595).

(Voir arrêt du Parlement de Toulouse et Jugements sur la noblesse du Languedoc par M. de Besons.)

Seigneurs des Hermeins.

Paul de Bellissen, seigneur des Hermeins, épousa le 6 février 1635, Isabeau Cabrol.

(Jugements sur la noblesse du Languedoc par M. de Besons.)

Seigneurs de Montclar.

Jean Renaud de Bellissen, seigneur de Montclar, le 11 février 1668, épousa Françoise Marescot.

(Jugements sur la noblesse du Languedoc.)

Seigneurs Durfort.

« Pierre de Bellissen, seigneur de Durfort et puis de
« Malves, viguier de Carcassonne pourvu le 15 janvier 1576. »

(Jugements sur la noblesse du Languedoc. Carcassonne, 1670.)

Seigneurs de Fontauriol.

« Pierre de Bellissen, seigneur de Fontauriol, le 15 jan-
« vier 1671. »

(Jugements sur la noblesse du Languedoc.)

La seigneurie de Fontauriol était déjà depuis très-long-temps dans la famille, nous lisons en effet dans d'Hozier (registre 2, page 433).

« Isabeau de Bellissen, fille de noble Philippe de Bellissen,
« seigneur de Fontauriol, et de Louise de Manens de Belloc,
« épousa le 29 janvier 1616 Gabriel de Montfaucon, seigneur
« de Rogles, de Cénan et de Montagu, gentilhomme de la
« chambre du roi, l'an 1616 ; gouverneur de l'écluse sur le
« Rhône, écuyer de la grande écurie de sa majesté l'an 1621 ;
« capitaine de 150 hommes de pied dans le régiment de
« Piémont, par commission du 25 septembre 1629, maré-
« chal de bataille es-armées du roi, son lieutenant en la ville
« de Peronne et lieutenant de l'artillerie de France l'an 1644. »

Signalons encore les seigneuries de Camps.

(Voir l'Armorial général du Languedoc, p. 387.)

D'Hermine et Lalande.

(Voir l'Armorial général du Languedoc, p. 170.)

Trasanel, Barbairac, Trésaut, Germinaut, Saint-Pierre-d'Elles, etc. . . .

(Voir Lachenaye des Bois, Généalogie de la maison de Bellissen, Dictionnaire de la noblesse.)

Seigneuries possédées par la maison de Bellissen, situées dans le comté de Foix.

Seigneurs de Menjot.

François de Bellissen, seigneur de la maison de Malves et quatrième fils de Pierre de Bellissen, seigneur de Malves, Sallèles, Limousis, Rustiques, etc. . . . vint s'établir dans le comté de Foix à Labastide de Sérou, par suite de son mariage avec noble demoiselle Françoise du Puy, le 16 janvier 1556. — (Actes de mariage passés par Jean Castanet, notaire royal à Toulouse.)

Il épousa en secondes noces noble demoiselle Henriette de Mascaron.

Il avait eu de sa première femme Françoise du Puy un fils Bernard de Bellissen, seigneur de Menjot, lequel lui succéda, il lui substitua en cas de décès sans enfants noble Pierre de Bellissen, seigneur de la maison de Malves, frère de lui testateur.

> (Voir le testament de noble François de Bellissen fait dans la ville des Bordes, au diocèse de Rieux, comté de Foix, le 11 fév. 1568, devant Jacques Rosselloty, notaire du nombre des réduits, au comté de Foix, habitant ladite ville des Bordes.)

Bernard de Bellissen, seigneur de Menjot, est devenu le père des branches de la maison de Bellissen établies au comté de Foix.

Seigneurs de Castelnau de Durban.

En qualité de seigneurs barons de Castelnau de Durban, les Bellissen se trouvaient premiers barons des états du comté et avaient la présidence de cette assemblée en l'absence de monseigneur l'évêque de Pamiers, président né desdits états. C'est ce qui résulte des procès-verbaux des états.

« Messire Jean-Paul de Bellissen, seigneur de Castelnau, « baron des états du pays et comté de Foix, présida en « l'assemblée des trois états convoquée le 14 février 1724 par « ordre du roi en la ville de Foix. » (Extrait des registres des états par Jacques Ventrée, secrétaire d'iceux. Signé : Ventrée, secrétaire.)

M. de Bellissen Durban reçut une lettre de M. de Florentin le 12 février 1741 (ministre secrétaire d'État), par laquelle ce ministre lui mandait que le roy étant informé de la difficulté qu'il y avait à tenir les états du pays de Foix à cause de l'absence de M. l'évêque de Pamiers et celle des abbés à qui la présidence était dévolue à son défaut, et que Sa Majesté ayant jugé qu'étant le premier baron des états il devait présider, elle l'avait chargé de lui envoyer ses ordres à cet effet. Ce ministre ajoutant que comme il était persuadé de sa soumission aux volontés de Sa Majesté, il avait cru qu'il suffisait qu'il lui en donnât avis et qu'il ne doutait pas qu'il s'y conformât, et qu'il espérait qu'il le mettrait incessamment en état de rendre compte à Sa Majesté de son obéissance. » Cette lettre datée de Versailles et signée Florentin.

Extrait du procès-verbal des états tenus à Foix, le mois de décembre 1728.

Louis, par la grace de Dieu, etc. . . . .

« Après la lecture de lad. commission et des lettres de
« cachet de Sa Majesté, M. de la Fitte-Salles, commissaire,
« aurait par un discours exhorté l'assemblée de vouloir se
« rendre conforme aux intentions du roi portées par lesd.
« lettres, a ordonné défaut contre les défaillants et que
« nonobstant leur absence il soit passé outre. En suite de
« quoy messire Jean-Paul de Bellissen, seigneur de Castelnau
« et autres lieux, baron des états, président en lad. assem-
« blée à cause de l'absence de MM. les ecclésiastiques qui
« ont entrée aux états, lui aurait répondu au nom de toute
« l'assemblée par un discours, qu'elle exécuterait ponctuelle-
« ment les ordres de Sa Majesté avec toute la soumission et
« la fidélité possibles, etc., etc. . . . . [1] »

---

[1] EMPIRE FRANÇAIS.

Préfecture du département de l'Ariège.

Le préfet du département de l'Ariège certifie, qu'il résulte des procès-verbaux des délibérations des états de Foix, des années 1712 à 1789 in-

Seigneurs de Bénac.

Procès-verbal de l'assemblée générale des trois états du pays de Foix.

(Archives de l'Empire.)

Ordre de la noblesse.

« De Bellissen, baron de Bénac. »
Extrait du registre de l'état civil de la commune de Labastide de Sérou.

« François-Jean-Baptiste de Bellissen de Bénac, fils légi-
« time de haut et puissant seigneur Élie de Bellissen, baron
« de Bénac, ancien mousquetaire dans la première compa-
« gnie, et de haute et puissante dame Jeanne Marie-Victoire

---

clusivement, existant aux archives de la préfecture, que le fief de Castelnau de Durban conférait à son possesseur l'entrée aux états de cette province, le nom de cette seigneurie figurant dans le catalogue des entrées attribuées à la noblesse du pays, lequel est inscrit en tête de chacun desdits procès-verbaux;

Que messire Jean-Paul de Bellissen, seigneur de Castelnau-de-Durban, était l'un des membres de cette noblesse et qu'il avait le titre de baron des états;

Qu'en cette qualité, et en l'absence de Monseigneur l'évêque de Pamiers, président né desdits états, la présidence de cette assemblée lui était ordinairement dévolue, ce qui est constaté par plusieurs des susdits procès-verbaux, notamment par ceux des années 1728, 1733, 1735, 1736, 1741 et 1742.

Foix, le 25 octobre 1862.

Par délégation,
Le conseiller de préfecture faisant les fonctions de secrétaire général,
DE MONESTIER.

Paris, le 6 septembre 1814

J'ai l'honneur de vous prévenir, monsieur, que le roi vous a accordé le 5 de ce mois la retraite de maréchal des mousquetaires, ou chef d'escadron. Je suis fort aise de vous annoncer cette grâce de Sa Majesté. Recevez, monsieur l'assurance de mes sentiments distingués. Signé Nansouty. M. de Bellissen, baron de Bénac, ancien mousquetaire.

« de Bellissen, baronne de Bénac, née de Bellissen de Castelnau
« de Durban mariés de cette ville, est né le sixième décembre
« mil sept cent quatre vingt-neuf, a été baptisé par moi curé
« soussigné, étant parrain haut et puissant seigneur Jean-
« Baptiste de Bellissen, baron de Castelnau de Durban d'ici
« absent, marraine haute et puissante dame de Bellissen
« douairière, née Françoise Darexy, de cette ville, aïeul
« paternel et maternel du baptisé, qui a signé avec moi, ainsi
« que le baron de Bénac père et haut et puissant seigneur
« Bellissen de Rodes représentant mon d* baron de Castelnau
« de Durban de ce requis, en foi de ce : Soum, *curé.*

Seigneurs de Pradières, Arabau, Rodes.

« Haut et puissant seigneur messire Jean-Paul de Bellissen de Durban, seigneur baron de Castelnau de Durban, au pays de Foix, diocèze de Couserans, sénéchaussée de Pamiers, seigneur d'Arabau, de Pradières et de Rodes, passa un accord le 15 may 1764, devant Beret, notaire royal de Labastide de Besplas, avec les consuls, syndics et conseillers politiques de la communauté de Brousenac, par lesquelles lesd. parties consentirent l'exécution d'une sentence arbitrale rendue entre elles, le 7 février 1763, par Mgr l'Évêque de Couserans et homologuée au Conseil d'Etat, le 29 septembre suivant. »

(Grosse en parchemin, signée dud. notaire.)

Procès-verbal de l'assemblée générale des trois ordres du pays de Foix. 1789.

Noblesse.... De Bellissen, baron de Bénac, procureur fondé de M. de Bellissen, seigneur de Pradières.

Paris, le 5 septembre 1815

J'ai l'honneur de vous annoncer, monsieur, que le 3 de ce mois, le roi vous a nommé chevalier de Saint-Louis. Je suis fort aise de vous annoncer cette grâce de Sa Majesté. Recevez, etc.... Signé Nansouty. Au bas, M. de Bellissen, baron de Bénac, ancien mousquetaire.

Seigneurs de Bugnas.

Procès-verbal de l'assemblée générale des trois ordres du pays de Foix. 1789.

Noblesse.... comte de Bellissen, seigneur de Bugnas.

Seigneurs de Labastide de Sérou.

« Messire Jean-Baptiste de Bellissen, baron de Castelnau de Durban, seigneur d'Araban et de Pradières, et co-seigneur en parage avec le roy de la ville de Labastide et consulat de Sérou, prit possession le 16 may 1766 domaine, justice haute, moyenne et basse de lad. ville et terroir de Labastide de Sérou qu'il avait pris à titre d'arrentement, le 5 juillet 1765, des commissaires généraux députés par Sa Majesté. Cet acte passé devant Beret, notaire royal de lad. Bastide.

(Grosse en papier signée dud. notaire.)

Seigneurs de Ferras.

« Noble Jean de Bellissen fut maintenu dans sa noblesse avec Paul son frère et Jean de Bellissen, seigneur de Ferras, par jugement de M. Lepelletier de la Houssaye, intendant de Montauban, du 20 juin 1699. »

(Jugement daté de Montauban, signé Lepelletier de la Houssaye, et plus bas par monseigneur Olivier. Original en parchemin.)

Plusieurs membres de la maison de Bellissen ont en outre porté le nom des seigneuries de la Morere, d'Estaniel, de la Turere, des Ferris, de Monsrerain...

Tels sont les documents concernant la maison de Bellissen que nous avons cru devoir recueillir. Nous avons scupuleusement indiqué pour chacun d'eux la source à laquelle nous les avions puisés. La plupart du temps notre œuvre s'est bornée à une simple transcription selon l'ordre chronologique des documents authentiques. Nous sommes loin d'avoir recueilli toutes

les traces qu'a laissées dans le passé du Languedoc et du comté de Foix cette ancienne famille. Une lettre du savant abbé Vidalat de Mirepoix nous avait inspiré le désir de remonter aux origines de la maison de Bellissen, au sujet desquelles le précieux ouvrage de M. Mahul, intitulé *Cartulaire de Carcassonne*, nous paraissait ne produire que des témoignages peu authentiques. Voici comment s'exprimait l'abbé Vidalat :
« Hier, en parcourant de vieux titres et de vieux parchemins,
« j'ai trouvé des alliances bien honorables pour la famille de
« Bellissen du Razés, dont celles de Durban et de Foix sont
« des branches séparées depuis longtemps. Ce sont les allian-
« ces de cette famille avec la maison de Trincavel. Les Trin-
« cavel étaient seigneurs de Carcassonne, de Narbonne, de
« Béziers et princes souverains battant monnaie et exerçant
« tous les droits régaliens. Ces actes remontent à l'an mille.
« Peu de familles en France ont une origine aussi ancienne et
« aussi bien prouvée. »

(Lettre de M. l'abbé Vidalat de Mirepoix, adressée à madame des Guliots née de Bellissen-Bénac.)

Bien que nous n'ayons pu retrouver les titres que signale l'abbé Vidalat, nous avons reproduit au commencement de cette notice un grand nombre de documents qui confirment pleinement ses assertions.

Nous avons été entraîné successivement sur les traces de cette famille qui depuis des siècles s'est trouvée mêlée aux événements qui ont agité le Languedoc et la France. Il a existé sous l'ancienne monarchie d'antiques races de gentils-hommes dont chaque génération payait largement le tribut de son sang sur tous les champs de bataille. La maison de Bellissen est un des types les plus saisissants de cette noblesse de province dont les membres ne connaissaient que la vie des camps, et qui, loin de la cour et des faveurs rentraient après de rudes et infatigables services dans leurs manoirs pour léguer à leurs descendants ces traditions de vaillance et d'honneur qu'ils avaient reçues de leurs ancêtres.

Généalogie de la maison de Bellissen.

Pour rendre notre travail plus complet, nous croyons devoir reproduire la généalogie de la maison de Bellissen, insérée, au siècle dernier, dans le *Dictionnaire de la noblesse*, de Lachenaye-des-Bois, et celle que MM. de Bellissen ont produite pour entrer aux états du comté de Foix.

(Dictionnaire de la noblesse, au mot Bellissen.)

Famille noble, originaire d'Allemagne, dont il y a plusieurs branches établies en Languedoc et autres provinces voisines.

Les seigneurs de Bellissen ont possédé la baronnie de Malves, ainsi que les châtellenies de Sallèles, Limousis, Trasanel pendant plus de 500 ans, avec les terres et les seigneuries de Saint-Couat, Bourigeolles, Barberac, Durban, Cailhavel, Camps, Airoux, Milhegrand, Milhepetit, Rustiques et autres terres situées en Languedoc.

Ils sont divisés en plusieurs branches qui possédèrent la plus grande partie de ces terres, et plusieurs seigneurs du nom de Bellissen subsistent encore en Allemagne.

I. Frédéric de Bellissen, qualifié de *chevalier*, se croisa dans la guerre contre les Albigeois, fit sa résidence dans ses terres situées aux environs de Carcassonne, fut enterré dans l'église cathédrale de cette ville, et fut père de :

II. Othon de Bellissen, chevalier, duquel sont issues toutes les différentes branches de la maison de Bellissen tant éteintes que subsistantes actuellement, soit en Languedoc ou dans d'autres provinces voisines, eut pour fils :

III. Jean-Pierre de Bellissen, chevalier, baron de Malves, Sallèles, Limousis, Trosanel, Caunac et autres lieux ; il eut pour fils :

1° Guillaume, qui suit ;

2° Et Pierre, dit le chevalier, seigneur de Sallèles, qui fut chambellan de Louis XII, et l'un des commissaires qui présidèrent aux états du Languedoc en 1499. Il se trouva à la prise de Milan.

IV. Guillaume de Bellissen Ier, du nom, chevalier, baron de Malves et de Limousis, Trasanel, Saint-Couat, Milhan ou Milhau, Milharest, Barberac, Rustiques, etc..., épousa Raymonde N..., et testa très-âgé, le 19 avril 1498, et fut père de :

1° Pierre, chevalier, seigneur de Sallèles et de Limousis, qui en avait rendu hommage au roi Charles VIII le 11 avril 1497, lequel, du vivant de son père Guillaume, et en considération des services qu'il lui avait rendus dans ses guerres d'au delà des monts, pourvut et nomma ledit Pierre Viguier de sa ville de Carcassonne, et châtelain de Fleur-d'Epine. Il a formé la branche des barons et marquis de Malves, éteinte par le décès de Jean-Claude de Bellissen, marquis de Malves et de Talairan, décédé à Narbonne en l'année 1750;

2° Jean, chevalier, seigneur de Bourigeolles et de Saint-Couat, écuyer du roi François Ier, puis connétable, prévôt et gouverneur de la ville de Carcassonne, par don du même roi, suivant les provisions du 28 août 1522. Il testa le 20 janvier 1536. Il a formé la branche des seigneurs de Milhegrand, de Camps et d'Airoux, qui subsiste encore en Languedoc;

3° Jean-Pierre, marié du vivant de son père Guillaume, et décédé avant lui, dont la branche subsistante va être rapportée ci après ;

4° Bertrand, chanoine de l'église de Carcassonne, et auquel son père avait fait un legs considérable par son testament de l'an 1498;

5° Lisette, mariée à un seigneur nommé Assalit;

6° Et Clarette, mariée au seigneur Jean Geostri.

V. Jean-Pierre de Bellissen, chevalier, seigneur de Barberac, mort avant son père Guillaume, épousa Anne de Mounier, et testa le 1er mars 1496. Il eut pour fils :

VI. Armand de Bellissen, chevalier, seigneur de Barberac, lieutenant de la compagnie des gendarmes du comte de Nassau, et auquel Guillaume de Bellissen, son aïeul, laissa, par son testament du 14 avril 1498, la terre et la seigneurie de Barberac et autres. Il épousa, le 10 janvier 1520, Isabelle Mathieu, fille de Jean Mathieu, chevalier, lieutenant des gendarmes de M. de Piennes, et fut père de :

VII. Guillaume de Bellissen, deuxième du nom, chevalier enseigne de la compagnie d'Arquebusiers du comte de Rœux qui épousa, le 4 du mois de septembre 1548, Marguerite Georges et eut pour fils :

VIII. Pierre de Bellissen, chevalier, guidon de la compagnie des gendarmes de M. le duc de Guise, qui épousa, le 5 mars, 1576 Angélique Foucher et fut père de :

IX. Louis de Bellissen, premier du nom, chevalier major de la ville de Narbonne, lequel épousa, le 8 octobre 1608, Marie Despériers. Il testa le 6 février 1561 et fut père de :

1° Louis, qui suit ;

2° Et Marie mariée à Henry de Verzeilles, chevalier seigneur d'Argens.

X. Louis de Bellissen, deuxième du nom, chevalier, servit dans la compagnie des gendarmes de M. le duc de Guise. Il épousa, le 30 décembre 1630, Delphine de Portanier de laquelle il eut :

1° Jean, qui suit ;

2° Et Charles, premier théologien du pape Innocent XII, et nommé à l'évêché de Cavaillon.

XI. Jean de Bellissen, chevalier, épousa, le 5 juin 1670, Marguerite de Mainier et eut pour fils :

XII. Pierre de Bellissen, deuxième du nom, chevalier, sieur de Melun, qui épousa, le 7 février 1708, Françoise de Flatrier et eut pour fils :

XIII. Jean-Paul de Bellissen, chevalier, greffier et secrétaire de l'ordre royal, militaire et hospitalier du Saint-Esprit de Montpellier, en deçà des monts, par brevet du 15 janvier 1755, et commandeur de la commanderie de la Fauvette du même ordre, dite au chevalier, lequel a épousé, le 5 octobre 1731, Marie Rénée du Moulin, veuve de Philippe du Rocher, chevalier, sieur de Maudeville, capitaine au régiment de Chartres, oncle à la mode de Bretagne dudit Jean-Paul de Bellissen, lequel a eu plusieurs enfants, savoir :

1°. Jean-Paul Eléazar, qui suit ;

2° Marie-Adélaïde, mariée à Jean-Baptiste Fauchard ;

3° Marie-Marguerite.

XIV. Jean-Paul Eléazar de Bellissen, chevalier, est greffier et secrétaire général dudit ordre royal et hospitalier du Saint-Esprit en survivance de son père.

Branche des seigneurs de Bellisen Dont les marquis d'Airoux.

V. Jean de Bellisen, second fils de Guillaume, chevalier, seigneur de Bougireolles, Saint-Couat, et Milhan, prévôt, connétable et gouverneur de la ville de Carcassone, épousa en première noces, en 1526, Madeleine de Roux, et en deuxième noces, Guillemette Ameline. Il testa le 23 janvier 1536.

Il eut de son premier mariage :

1° Pierre, qui suit ;

2° Armand, chevalier, seigneur de Bourigeolles ;

3° Jacques, prévôt de Milhan, et chanoine de l'eglise cathédrale de Carcassonne.

4° Philippe, aussi chanoine de Carcassonne ;

5° Claire, mariée à Rénaud de Garaud, seigneur de Monteynière ;

6° Raymonde, mariée à Jean de Saix, seigneur de Pontignau ;

7° Et Giraude, mariée à Denys-Roubin, conseiller au parlement de Toulouse.

VI. Pierre de Bellissen premier du nom, chevalier, seigneur de Saint-Couat et Milhan, fut capitaine, prévôt, connétable et gouverneur de la ville de Carcassone, et épousa demoiselle Isabeau d'Astorg Azeville. Il testa le 21 décembre 1549 et eut pour enfants :

1° Pierre, qui suit ;

2° Jacques ;

3° Philippe ;

4° Françoise.

VII. Pierre de Bellissen, deuxième du nom, chevalier; seigneur de Saint-Couat et Milhan, épousa en première noces, le 5 juin 1559, Béatrix d'Antiqua Marata, et en seconde noces, le 11 septembre 1569, Isabeau de Manent de Belloc, veuve de Louis de Polastron.

Il testa le 3 janvier 1575.

Il eut de son premier mariage :

1° Philippe, qui suit;

2° Béatrix, non mariée;

3° Marguerite, mariée au seigneur de Galibert ;

4° Et Judith; mariée à messire Jean de Marsant.

Et de son second mariage :

Isabeau de Bellissen.

VIII. Philippe de Bellissen, chevalier, seigneur de Saint-Couat et Milhan, épousa, le dernier d'avril 1557, Françoise de Bellissen, sa cousine, fille d'Antoine de Bellissen, chevalier, baron de Malves, seigneur de Sallèles, Trésault, Germinaux et Saint-Pierre d'Elles, Viguier de Carcassonne, Cabardés et Minerbois, gouverneur du château de Cabardés, et qui testa le 18 mars 1601. Ledit Philippe de Bellissen en eut trois enfants, qui furent :

1° Philippe-Jean, qui suit ;

2° Germaine ;

3° Isabelle ;

IX. Philippe-Jean de Bellissen, chevalier, seigneur de Saint-Couat et Milhegrand, épousa, le 1ᵉʳ novembre 1619, Marie Poitiers de la Palme, et testa le 10 janvier 1644.

Il eut pour enfants :

1° Jacques-Henri, qui suit ;

2° Philippe-François, décédé en Suède sans postérité, étant colonel d'un régiment des gardes de la Reine-Dragons ;

3° Isabeau, mariée à Jean de Bezard, seigneur de Brousses;

4° Marie-Claire, mariée à messire Guillaume de Molinier, conseiller au parlement de Toulouse ;

5° Marie-Anne, religieuse au couvent de Sainte-Ursule de Carcassonne.

X. Jacques-Henri de Bellissen, chevalier, seigneur de Mil-

— 59 —

harest et de Camps, major de Cadaqués, et commandant du régiment de Mérainville et du château de la Trinité en Catalogne, épousa, le 26 mai 1690, Dorothée de Sainte-Colombe, de laquelle il eut :

1° Jean, qui suit.

2° Jeanne de Bellissen, décédée majeure, et qui testa le 12 septembre 1700.

XI. Jean de Bellissen, chevalier, seigneur de Camps. Colonel d'un régiment d'infanterie, épousa, le 3 juillet 1696, Françoise de Baunes d'Avéjan, de laquelle il eut :

XII. Jacques-Henri de Bellissen, chevalier, marquis d'Airoux, qui a épousé, en l'an 1733, Anne de Grave, et eut :

1° Jean-Hyacinthe, qui suit ;

2° N... de Bellissen, dit le chevalier, lieutenant dans le régiment de Normandie, tué en 1766 à l'affaire de Vésel, et quatre filles.

XIII. Jean-Hyacinthe de Bellissen, chevalier, marquis d'Airoux, gouverneur du château de Cabardés, né en 1736, a été d'abord reçu page du roi sur les preuves de sa noblesse, et est aujourd'hui lieutenant au régiment de la maistre de Camps-Dragons. »

Lachenaye des Bois.

Voir pour la continuation de la branche de Bellissen d'Airoux, ci-dessus, sous le titre Airoux.

(Armoiries d'azur à 5 bourdons d'argent en pal au chef cousu de gueules chargé de trois coquilles d'argent.) Voir Armorial du Languedoc.

Généalogie de la branche des seigneurs de Bellissen, dont les barons de Castelnau de Durban, et de Bénac.

I. Guillaume de Bellissen, baron de Malves, seigneur de Rustiques, Milleyrand, Saint-Couat, Limousis, Bourigeolles, etc., etc , servit Charles VIII dans ses guerres d'Italie. Ce prince, en reconnaissance de ses services, lui donna le gouvernement de Cabardés et la terre de Sallèles ; il épousa demoiselle Raymonde de Bellissen-Villeneuve, dénombra en 1473, testa le 14 juillet 1498, et fut père de :

1° Arnaud de Bellissen, héritier pour un tiers de son père, le 6 avril 1498 ;

2° Jean de Bellissen, héritier pour un tiers de son père, le 6 avril 1498. De lui sont issus au sixième degré : Pierre de Bellissen, seigneur de Saint-Couat et Milhegrand, et Jacques-Henri de Bellissen, seigneur de Milhara, maintenus dans leur noblesse par M. de Besons, intendant du Languedoc, du 11 septembre 1669 (Cab. du Languedoc, vol. 3, fol. 33, et vol. 13, fol. 47.). Il est le chef de la branche des marquis d'Airoux ;

3° Bertrand de Bellissen, chanoine de l'église cathédrale de Carcassonne ;

4° Pierre de Bellissen, qui suit ;

5° Louise de Bellissen ;

6° Claire de Bellissen ;

7° N..., posthume désigné dans le testament de Guillaume son père.

II. Pierre de Bellissen fut fait légataire des seigneuries de Malves, de Sallèles, de Limousis, fit hommage au roi, le 19 octobre 1539, desdites terres et places de Malves, Sallèles et Limousis. Pierre de Bellissen fit son testament au château de Malves, le 21 janvier 1538, devant Pierre de Saint-Mary, notaire royal de Carcassonne.

Il eut pour enfants :

1° Pierre de Bellissen, institué héritier universel par son père, le 21 janvier 1538. De lui est issu, au cinquième degré, Paul de Bellissen, seigneur de Malves, maréchal des camps et armées du roi, qui fut maintenu dans sa noblesse par jugement de M. de Bezons, intendant du Languedoc, le 17 décembre 1668. (Cabinet. Languedoc, vol. 12, fol. 99, et vol. 13, fol. 49.)

Noble Pierre de Bellissen, seigneur de la maison de Malves,

fut substitué à son neveu par le testament de François son frère, du 11 février 1568 ;

2° Jean de Bellissen, Noble Jean de Bellissen, seigneur de Moirmonillers, nommé dans le testament de François son frère, du 11 février 1568;

3° Jacques de Bellissen, légataire de 1,500 fr. le 21 janvier 1538;

4° Arnaud de Bellissen, religieux, légataire de 300 fr. le 21 janvier 1538 ;

5° Philippe de Bellissen, chanoine de Carcassonne, légataire de 300 fr. le 21 janvier 1538 ;

6° François de Bellissen, qui suit.

7° Guillaume de Bellissen, chanoine de l'église cathédrale de Carcassonne ;

7° Judith, épouse de M. Rullière, seigneur de Grandselve ;

8° Madeleine, épouse de noble Vidal du Puy, trésorier de France;

9° Claire, religieuse ;

10° Astrugue, légataire de 1,500 fr. le 21 janvier 1538 ;

11° Moudette, légataire de 1,500 fr. le 21 janvier 1538.

III. François de Bellissen fut fait légataire de la quatrième partie de la seigneurie de Rustiques, par le testament de son père, le 21 janvier 1538. Noble seigneur François de Bellissen, coseigneur de Rustiques, capitaine du château de Quéribus, donna, le 19 octobre 1540, au sénéchal de Carcassonne et de Béziers, commissaire du roi en cette partie, le dénombrement de la quatrième partie de ladite seigneurie de Rustiques avec château, justice, haute moyenne et basse. Mouvant noblement, et seulement de Sa Majesté à foy et hommage à lui léguée par feu son père, pour laquelle portion il était tenu avec Pierre de Bellissen, seigneur de Malves et de Sallèles, de fournir un archer à cheval au ban et arrière-ban de la sénéchaussée.

(Copie collationnée, signée Sarrier, notaire.)

Noble François de Bellissen, capitaine, habitant de Carcassonne, épousa, par pactes passés le 16 janvier 1556, devant Jean Castanet, notaire royal de Toulouse, noble demoiselle Françoise du Puy, fille et héritière de feu noble Pierre du Puy, quand vivait habitant de Labastide de Sérou, et de Dlle Germaine de Claverie, sa veuve; assistée de maître Bernard du Puy, recteur de Labastide, son oncle et son tuteur, de noble Vidal du Puy, seigneur de Pradières, son oncle paternel, de la dame sa mère, et de noble Jean de Claverie, son aïeul maternel; par lesquels les tuteurs de ladite demoiselle future épouse lui constituent en dot la somme de 2,000 francs, sans préjudice de ses droits sur les biens dudit feu son père.

(Original en papier signé dud. notaire.)

Demoiselle Françoise du Puy, femme de noble François de Bellissen, fit son testament en la ville de Labastide de Sérou, au comté de Foy, le 12 octobre 1563, devant Pierre Alciat, notaire de ladite ville, par laquelle elle eut sa sépulture en l'église du couvent des frères religieux de l'Observance de ladite ville, institua son héritier universel Bernard de Bellissen, son fils unique; lui substitua, en cas de décès sans enfants, son mari pour la moitié de ses biens, et le fils de noble Vidal du Puy, son oncle, pour l'autre moitié; et ordonna qu'il ne fût demandé aucun compte de tutelle et d'administration des biens à noble Bernard du Puy, son oncle et tuteur.

(Grosse en parchemin signée dud. notaire.)

Noble François de Bellissen, lieutenant de la compagnie du capitaine de Castet, habitant de Labastide de Sérou, étant blessé à la jambe droite d'un coup d'arquebusade qu'il avait reçu au service de Sa Majesté, près la ville des Bordes, où il était venu du maz d'Azil, pour surprendre cette première ville, et doutant de mourir de cette blessure; fit son testament dans ladite ville des Bordes au diocèse de Rieux, comté de Foix, le 11 février 1568, devant Jacques Rosselloty, notaire du nombre des réduits au comté de Foix, habitant de ladite ville des Bordes, par lequel il choisit sa sépulture dans l'église de Saint-Sernin, de la même ville, remit les dépenses à faire pour faire prier Dieu pour son âme à la discrétion de messire Bernard du Puy, recteur de Labastide de Sérou ; déclara n'avoir reçu la somme de 4,000 fr. qui avait été constituée en dot à noble Henriette de Mascaron, sa seconde femme. Institua son héritier universel, Bernard son fils et de feu Dlle noble Françoise du Puy, sa première femme, et lui substitua, en cas de décès sans enfants, noble Pierre de Bellissen, seigneur de la maison de Malves, frère de lui testateur, à la charge de payer la somme de 500 fr. à noble Jean de Bellissen, aussi son frère, seigneur de Movinroilliers, etc....

(Grosse en parchemin signée dudit Rosseloty notaire.)

IV. Noble Bernard de Bellissen, seigneur de Menjot. Il fit son testament le 9 avril 1609. Il avait épousé Dlle Constance de Faure. Il eut pour enfants :

1° Jean Bertrand de Bellissen, qui suit ;

2° Noble François de Bellissen ;

3° Noble Jean de Bellissen ;

4° Noble Pierre de Bellissen, docteur en théologie ;

5° Noble Pierre de Bellissen, le plus jeune ;

6° Violante de Bellissen.

V. Noble Jean-Bertrand de Bellissen, seigneur de Menjot, épousa par traité passé au château de Landorte, en Commenges, sénéchaussée de Toulouse, le 1ᵉʳ mars 1620, devant Jean Montaignier, notaire royal du lieu de Rieucazet, noble demoiselle Geneviève de la Tour, fille de noble Jean-Bertrand de la Tour, sieur de Landorte et de noble demoiselle de Sédeillac, son épouse. . . (Grosse en parchemin, signée dud. notaire.) Il eut pour enfants :

1° Noble Jean-Bertrand de Bellissen, qui suit.

2° Noble Jean de Bellissen, qui a formé la branche des Bellissen-Ferras, éteinte au siècle dernier.

3° Noble Marie de Bellissen.

4° Jeanne de Bellissen.

5° Marguerite de Bellissen.

6° Anne de Bellissen.

VI. Jean-Bertrand de Bellissen épousa par traité passé ès la ville de Labastide de Férou, le 7 juin 1650, demoiselle Jeanne de Morteau, fille du sieur de Morteau, écuyer de la Bordette, et de demoiselle Françoise d'Ambellot, son épouse. (Grosse en parchemin, signée dud. notaire Alciat.)

Il eut pour enfants :

1° Noble Jean de Bellissen, qui suit.

2° Jean de Bellissen, qui a formé la branche des Bellissen La Turere et Bénac.

3° Anne de Bellissen.

4° Paul de Bellissen, maintenu dans sa noblesse avec ses frères, le 20 juin 1699.

5° Antoine de Bellissen des Ferris, lieutenant au régiment de Broglie, tué à la bataille de Lucéra en Italie.

VII. Noble Jean de Bellissen, seigneur de Menjot, épousa par contrat passé en lad. ville de Labastide, le 23 décembre 1690, devant Aimé, notaire, demoiselle Anne de Mauléon, fille de feu messire Jean-Louis de Mauléon, seigneur de Clermont, et de dame Jeanne Portet, sa veuve, assistés led. futur époux de ses frères (qui ne sont pas nommés) et autres ses parents, et lad. demoiselle de lad. dame sa mère, de M. Jean-Paul de Mauléon Durban, son frère, et de demoiselles Jeanne et Augustine de Mauléon, ses sœurs.

Noble Jean de Bellissen, l'aîné, Jean de Bellissen et Paul son frère, et Jean de Bellissen, seigneur de Ferras, furent reconnus dans leur noblesse par jugement de M. Lepelletier de la Houssaye, intendant de Montauban du 20 juin 1699.

Jean de Bellissen, seigneur de Menjot, eut pour enfants :

1° Jean-Paul de Bellissen, qui suit.

2° Cyprien de Bellissen.

3° Jeanne de Bellissen, épouse de messire Jean d'Hunaud d'Escavagnous, seigneur de Gouzens.

VIII. Messire Jean-Paul de Bellissen fut institué héritier universel par le testament de sa mère du 15 mars 1720.

Messire Jean-Paul de Bellissen, baron de Durban, seigneur de Castelnau, épousa par contrat passé au château seigneurial dud. lieu de Palaminy au diocèse de Rieux en Languedoc, dans le ressort du sénéchal de Toulouse, le 16 avril 1723, devant Pierre-Aimé, notaire royal de la ville du Maz-d'Azil résidant à Durban, dame Marie-Anne de Blondel, veuve de haut et puissant seigneur messire Joseph-Hector de Montaut de Saint-Vivier, marquis de Montberaut, et fille de messire François de Blondel, écuyer, conseiller secrétaire du roy, maison couronne de France et de ses finances et de dame Jeanne-Marie Marin son épouse.

(Grosse en parchemin signée dud. notaire.)

Messire Jean-Paul de Bellissen, seigneur de Castelnau, baron des états du pays et comté de Foix, présida à l'assemblée des trois états pays et comté de Foix, convoquée le 14 février 1724, par ordre du roi en la ville de Pamiers.

Haut et puissant seigneur Jean-Paul de Bellissen, baron de Castelnau de Durban, seigneur de Rodes-Pradières, etc., assista au contrat de mariage de Jean-Baptiste son fils du 4 octobre 1752. Il a eu pour enfants :

1° Jean-Baptiste de Bellissen, qui suit.

2° Messire Cyprien de Bellissen, ancien capitaine aide-major au régiment royal de la marine.

3° Pierre de Bellissen, capitaine au régiment d'Eu, chevalier de Saint-Louis.

4° Augustine de Bellissen, épousa par contrat du 20 janvier 1745, messire Jean-Jacques de Sers, fils de messire Joseph de Sers, seigneur de Gensac et de madame Marie de Fraxine du Vernet, son épouse.

5° Catherine de Bellissen, épouse de messire de Narbonne.

6° Anne de Bellissen, religieuse professe au couvent de Sainte-Claire du Salin à Toulouse.

7° Jeanne-Marie de Bellissen professe au couvent de Foix.

IX. Haut et puissant seigneur Jean-Baptiste de Bellissen de Durban, épousa par contrat passé en la maison de Sabart, dans la juridiction de Tarascon au pays de Foix, devant Pierre-Anne Laplace, notaire royal du Maz-d'Azil, haute et puissante demoiselle Angélique de Pagèze, fille de haut et puissant seigneur Pierre de Pagèze, marquis de Saint-Lieux, seigneur de Saint-Magrin, Saint-Jean, etc., et de défunte haute et puissante dame Marie-Angélique-Claude de Lévis-Léran, son épouse, led. futur époux assisté de son père et de haut et puissant seigneur Jean-Jacques de Sers, seigneur de Gensac, Labastide, etc., son beau-frère, et de messire Cyprien de Bellissen, son oncle ; et ladite demoiselle de haute et puissante dame Marie-Marguerite-Thérèse-Camille de Lévis-Mirepoix, veuve de haut et puissant seigneur Paul-Louis de Lévis, seigneur marquis de Léran, brigadier des armées du roy, son aïeule maternelle représentée par illustrissime et révérendissime monseigneur Henry-Gaston de Lévis-Léran, évêque de Pamiers, président né des états de la province de Foix, de haut et puissant seigneur Louis-Philippe de Pagèze de Saint-Lieux, chevalier non profès de l'ordre de Malte, etc. (Grosse en parchemin, signée dud. notaire.)

Messire Jean-Baptiste de Bellissen, baron de Castelnau de Durban, seigneur de Labastide de Sérou, Arabaux et Pradières fit faire l'ouverture du testament de son père, le 25 janvier 1768.

Nous manquons des documents nécessaires pour continuer jusqu'à nos jours la généalogie que nous venons de citer, et qui est comme on le voit appuyée sur les actes les plus authentiques. Messire Jean-Baptiste de Bellissen a laissé deux fils, dont l'un après la révolution française s'est établi en Bourgogne. Le cadet a conservé les terres de sa famille au comté de Foix, et les a transmises à ses deux fils.

Branche de la maison de Bellissen dont les barons de Bénac.

I. Jean-Bertrand de Bellissen, seigneur de Meujot, contracta mariage avec demoiselle Jeanne de Morteau le 16 juin 1650, par traité passé devant Alciat, notaire royal à Labastide de Sérou. Il eut pour fils :

1° Noble Jean de Bellissen, l'aîné, seigneur de Meujot, qui épousa mademoiselle de Mauléon Durban, et qui fut maintenue dans sa noblesse avec ses frères le 20 juin 1699, par M. Lepelletier de la Houssaye, intendant de Montauban (voir plus haut).

2° Jean qui suit.

II. Le chevalier Jean de Bellissen seigneur de la Turere, capitaine dans le régiment d'Angoumois en 1698, contracta mariage avec demoiselle Catherine de Palis le 15 janvier 1703.

En 1732, par devant maître Ribat notaire royal de la ville de Foix, noble Jean de Bellissen, chevalier, capitaine dans le régiment d'Angoumois, noble Paul de Bellissen de Montserain demoiselle Anne de Bellissen, frères et sœurs de noble Antoine de Bellissen des Ferris d'une part, et messire Jean-Paul de Bellissen, seigneur baron de Castelnaude, Durban leur neveu d'autre part passèrent un accord au sujet du testament d'Antoine de Bellissen de Ferris lieutenant au régiment de Broglie tué à la bataille de Lucera en Italie le 15 août 1702. (Original en papier, signé dudit notaire.)

En 1744, messire Jean-Paul de Bellissen, baron de Castelnau de Durban et le chevalier Jean de Bellissen passèrent un deuxième accord, au sujet du testament d'Antoine de Bellissen des Ferris. (Original en papier signé des deux parties.)

Consulte de monsieur le chevalier de Bellissen contre M. le baron de Durban. (Pamiers, 20 janvier 1744, signé d'Armainy. Original en papier.)

Le chevalier de Bellissen était né le 24 août 1665. (Extrait de l'acte de naissance, signé Amardeille curé de la Bastide.

Contresigné Guichard pour l'évêque de Couserans. Original en papier avec le sceau de l'évêché de Couserans.)

Le chevalier Jean de Bellissen eut pour enfants :

1° Cyprien de Bellissen qui suit.

2° Marie de Bellisen mariée à messire Gabriel de Bertrand comme il appert par le contrat de mariage dont la teneur suit : L'an 1730 et le trentième jour du mois de janvier dans la ville de Labastide de Sérou au pays de Foix, maison de noble Jean de Bellissen, régnant Louis XV par la grâce de Dieu roi de France et de Navarre, devant moi notaire et témoins furent présents. Messire Gabriel de Bertrand, seigneur de Saint-Martin, mestre de camp de cavalerie, maréchal des logis de la première compagnie des mousquetaires du roi, chevalier de l'ordre militaire de Saint-Louis dumeurant en ladite ville assisté et conseiller de messire Jean de Morteau seigneur abbé de Combelonghe son oncle, de messire Jean de Bertrand d'Artiguières, chevalier de l'ordre militaire de Saint-Louis son frère, de messire Hyacinthe de Bertrand seigneur de Defferis, son cousin, et de messire Jean de Narbonne seigneur de Bareilles, Nescus et autres lieux d'une part, et demoiselle Marie de Bellissen assistée et conseillée de noble Jean de Bellissen, et de demoiselle Catherine de Palis ses père et mère, de noble Jean de Bellissen, seigneur de Rodes, de noble Paul de Bellissen seigneur de Montserain, et du sieur Mathieu de Morteau seigneur de Labourdette ses oncles, de messire Jean-Paul de Bellissen baron de Durban seigneur de Castelnau, Arabaux, Pradières et autres places, et messire Jean de Hunaud seigneur de Cavaignous, Gouzens et autres lieux ses cousins, etc., etc. (Original en papier signé dudit notaire.)

III. Cyprien de Bellissen, seigneur de la Turère, épousa, le 21 janvier 1743, noble demoiselle Françoise d'Arexy, fille unique de messire d'Arexy, seigneur de Bénac, coseigneur de Brassac.

(Procès-verbaux des états du comté de Foix. Transaction survenue entre le seigneur de Bénac et le seigneur de Brassac. Grosse en parchemin.)

Cyprien de Bellissen, seigneur de la Turère, eut plusieurs enfants :

1° Françoise de Bellissen, née le 26 octobre 1744. Elle épousa Noble de Salin de Niar, capitaine dans un régiment d'artillerie, comme il appert par son testament ouvert à Labastide, par M° Durieu, notaire, le 13 avril 1792. Dans ce testament, elle donne à Élie Cyprien de Bellissen, son neveu, le contrat de 12,000 livres qu'elle a sur la province de Languedoc, et tout le reste à Eusèbe de Bellissen, chanoine de Saint-Lizier.

(Original en papier signé Bellissens de Salin.)

2° Élie de Bellissen, qui suit.

3° Bernard de Bellissen, chanoine de Saint-Lizier. (Mise de profession d'un canonicat et prébende de l'église cathédrale de Couzerans, pour messire Bernard de Bellissen.)

(Original en papier signé Bonin.)

4° Eusèbe de Bellissen, chanoine de Saint-Lizier, mentionné dans le testament de madame de Salin. (Voir plus haut.)

5° Éloi de Bellissen, chanoine et grand-vicaire de Saint-Dié, grand-vicaire honoraire de Toulouse, recteur de l'Acacadémie d'Orléans en 1816, puis recteur de l'Académie de Poitiers. Mort à Livourne.

6° Paule-Éléonor de Bellissen, religieuse à l'abbaye de Longage de l'ordre de Fontevrault.

7° Agnès de Bellissen, religieuse à Longage.

8° Anne de Bellissen, appelée mademoiselle de Garrabet.

9° Françoise de Bellissen, religieuse au couvent de Prouille.

10° Henriette de Bellissen, religieuse au couvent de Prouille.

IV. Haut et puissant seigneur Henri de Bellissen, baron de Bénac, épousa sa cousine, Victoire de Bellissen, comme il appert par son contrat de mariage : « L'an mil sept cent quatre-vingt-huit et le troisième jour du mois de novembre, à Labastide de Sérou, pays de Foix, par devant nous notaire royal de ladite ville, soussigné et témoins, furent présents : Haut et puissant seigneur Élie de Bellissen de Bénac, seigneur et baron dudit Bénac, habitant de la ville, mousquetaire du roi de la première compagnie, fils légitime et naturel de haut et puissant seigneur Cyprien de Bellissen et de haute et puissante dame Françoise d'Arexy, ledit seigneur de Bellissen de Bénac procédant en la présence et du consentement de ladite dame d'Arexy, sa mère, de MM. Bernard de Bellissen, son frère, chanoine de l'église de Couserans, de messire Euzèbe de Bellissen, aussi son frère, chanoine de la même église.

« Et haute et puissante demoiselle Jeanne-Marie-Victoire de Bellissen, fille légitime et naturelle de haut et puissant seigneur Jean-Baptiste de Bellissen, seigneur et baron de Castelnau, de Durban, seigneur de ladite ville de Labastide et autres places ; de défunte haute et puissante dame Angélique de Pagèze, ladite demoiselle procédant en la présence et du consentement dudit seigneur baron de Castelnau de Durban, son père ; de haut et puissant seigneur Cyprien de Bellissen, seigneur et baron de Pradières, seigneur d'Estaniel, ancien capitaine aide-major d'infanterie, oncle paternel de ladite demoiselle, future épouse. De haute et de puissante dame Catherine de Bellissen de Narbonne, tante paternelle de la demoiselle future épouse ; de haut et puissant seigneur Jean-Jacques de Narbonne-Lara, seigneur-baron de Nescus, oncle de la demoiselle de Bellissen ; de haut et puissant seigneur Casimir-Fulcrans de Bellissen, frère de la demoiselle future épouse, officier d'infanterie au régiment de Limousin. De haut et puissant seigneur Jean-Baptiste de Narbonne-Lara, officier d'infanterie, cousins germains de la demoiselle future épouse ; de haute et puissante dame Marianne de Montaut de Cadarcet, tante dudit futur époux, etc., etc. » (Grosse en parchemin.)

Le mariage religieux fut célébré à Labastide de Sérou, comme il appert par le certificat ainsi conçu : « Je soussigné prêtre, curé de la ville de Labastide de Sérou, diocèse de Couzerans, certifie avoir publié au prône de la messe paroissiale par un dimanche, savoir le sixième novembre, mois courant, les bans du futur mariage d'entre haut et puissant seigneur Élie de Bellissen de Benac, seigneur dudit lieu, fils légitime de haut et puissant seigneur Cyprien de Bellissen, et de haute et puissante dame Françoise d'Arexy, habitant de la présente ville d'une part, et haute et puissante demoiselle Jeanne-Marie-Victoire de Bellissen, fille légitime mineure de haut et puissant seigneur Jean-Baptiste de Bellissen, chevalier, seigneur-baron de Castelnau, de Durban, Labastide de Sérou et autres places, et de défunte haute et puissante dame Angélique-Henriette de Pagèze de Saint-Lieux, originaire de cette paroisse, habitant au château de Rodes, paroisse de Brouzenac, maintenant chez mesdames religieuses de Salenques de la ville de Toulouse, diocèse de ce même nom; d'autre part, ayant averti le peuple que cette première publication est aussi la seconde, troisième et dernière, les parties contractantes ayant obtenu dispense des deux autres sans qu'il se soit trouvé aucune opposition ni d'autre empêchement que celui qui est entre elles du troisième au quatrième degré de consanguinité dont elles ont obtenu dispense valable. Certifie, en outre, que mondit seigneur Élie de Bellissen de Bénac est libre, qu'il procède du consentement de madame Françoise d'Arexy; en foi de quoi, j'ai signé et délivré le présent certificat à Labastide de Sérou, le 18me novembre 1788.

« Soum, curé. »

(Extrait en papier. Contresigné pour l'évêque par Guichard avec le sceau de l'évêché de Couzerans contresigné Hocquemont, vic. gén.

Le baron Elie de Bellissen Bénac avait servi avant la révolution dans les mousquetaires et siégé aux états du comté de Foix.

(Voir plus haut au mot Bénac.)

Le baron Elie de Bellissen Bénac eut plusieurs enfants de

son mariage avec sa cousine Jeanne-Marie-Victoire de Bellissen Durban.

1° François-Jean-Baptiste de Bellissen de Bénac, comme il appert par l'extrait suivant de l'état civil de la commune de la Bastide de Sérou. — Baptême. « François-Jean-Baptiste de Bellissen de Bénac, fils légitime de haut et puissant seigneur Elie de Bellissen, baron de Bénac, ancien mousquetaire dans la première compagnie, et de haute et puissante dame Jeanne-Marie-Victoire de Bellissen, baronne de Bénac, née de Bellissen-de-Castelnau-de-Durban, mariés de cette ville, est né le sixième décembre mil sept cent quatre-vingt-neuf, a été le même jour baptisé par moi, curé soussigné, étant parrain haut et puissant Jean-Baptiste de Bellissen, baron de Castelnau de Durban, d'ici absent; marraine, haute et puissante dame de Bellissen, douairière, née Françoise d'Arexy, de cette ville, ayeux paternel et maternel du baptisé, qui a signé avec moi, ainsi que le baron de Bénac père, et haut et puissant seigneur Bellissens de Rhodes, représentant non d° baron de Castelnau de Durban, de ce requis, en foi de ce : Soum, curé, etc. » François de Bellissen est mort sans postérité.

2° Cyprien de Bellissen, mort sans postérité ;

3° Elie de Bellisen, mort sans postérité ;

4° Henri de Bellissen, page du roi en 1816 ; le 7 février 1825, lieutenant aux chasseurs de la Vendée, mort sans postérité ;

5° Charles de Bellissen, mort en bas âge ;

6° Cyprien-Charles de Bellissen Bénac, baron de Bénac, né à Foix, le 8 octobre 1803.

Cyprien-Charles de Bellissen Bénac, baron de Bénac, a épousé Mademoiselle Gabrielle-Aurélie de Léaumont, issue du légitime mariage entre Jean-François, comte de Léaumont de Puygaillard, et Mademoiselle Joséphine-Louise d'Avessens de Saint-Rome.

(Contrat passé devant M⁰ Cabanis, notaire à Toulouse, le 9 juin 1828.)

7° Marie-Grégoire-Eloi de Bellissen Bénac est né à Foix le 3 septembre 1806. Voici son acte de mariage (extrait des registres de l'état civil de la commune de Toulouse (Haute-Garonne) : « Acte de mariage de Monsieur Marie-Grégoire-Eloi, baron de Bellissen, âgé de trente-deux ans neuf mois, né à Foix (Ariége), le trois septembre mil huit cent six, propriétaire, domicilié dans la commune de Labastide de Sérou, fils majeur de M. Elie, baron de Blissen et Bénac, ancien mousquetaire, chevalier de Saint-Louis, décédé, et de dame Marie-Victoire de Bellissen Durban, mariés, domiciliés à Foix, procédant du consentement de Madame sa mère, aux termes d'un acte en brevet, enregistré, retenu le treizième mai dernier par M⁰ Font, notaire audit lieu, contenant mandat spécial aux fins du présent, en faveur de M. Cyprien-Charles, baron de Bellissen Bénac, propriétaire, domicilié à Toulouse, ici présent, et consentant, et de demoiselle Amélie-Candie de Saint-Simon, fille mineure de Monsieur Jean-Théodore-Elisabeth-Candie de Saint-Simon, capitaine commandant d'artillerie en retraite, chevalier de plusieurs ordres, et de dame Julie-Emma-Martin d'Ayguesvives, mariés, domiciliés avec leur dite fille, qui procède du consentement exprès de Monsieur son père, ainsi qu'il consiste d'un acte en brevet enregistré, retenu ce jourd'hui par M⁰ Capelle, notaire à Toulouse, et en présence et du consentement de Madame sa mère. Les actes préliminaires sont extraits des publications de mariage faites dans cette commune, les douze et dix-neuf mai dernier, par Monsieur Dassier, adjoint au maire, et dans celle de Labastide de Sérou, les mêmes jours, par Monsieur Martin, conseiller municipal, et qui ont été affichées aux termes de l'article soixante-quatre du Code civil, sans qu'il ait été formé opposition audit mariage, et des actes de naissance des époux, le tout en forme, de tous lesquels actes, ainsi que du chapitre six du titre du Code civil, intitulé : du mariage, il a été donné lecture par nous, officier public, lesdits époux présents nous ont déclaré prendre en mariage : l'un, ladite demoiselle Amélie

— 74 —

de Saint-Simon, et l'autre ledit Monsieur baron de Bellissen, en présence de MM. Pierre Gaëtan de Lafage, chevalier de Saint-Louis et de la Légion d'honneur, âgé de cinquante ans; Casimir-Aimé-Marcassus de Puymaurin, ancien directeur de la Monnaie royale des médailles, chevalier de la Légion d'honneur, âgé de quarante-cinq ans.

Joseph, marquis de Narbonne-Lara, chevalier de Saint-Louis, domicilié à Toulouse, et de M. Léopold de Bellissen-Durban, propriétaire, âgé de vingt-sept ans, domicilié à Labastide de Sérou, etc. (Original en pap. pour copie conforme.)

De ce mariage sont issus :

1° Cyprien-Emmanuel-Marie de Bellissen-Bénac, né à Toulouse, le 7 octobre 1840. Nommé auditeur au Conseil d'État par décret en date du 14 juin 1864.

(Voir Bulletin des lois, 1864.)

2° Louise-Marie-Thérèse de Bellissen. Mariée le 28 décembre 1863 à M. Alfred de Montigny.

Indépendamment des nombreux garçons que nous venons de citer, dont un seul a eu des enfants, le baron Élie de Bellissen-Bénac a eu plusieurs filles, savoir :

1° Louise de Bellissen-Bénac, née le 2 novembre 1789, morte à Toulouse le 11 mai 1861. Elle a épousé, en 1811, M. Alexandre des Guliots.

(Voir les jugements de noblesse des des Guliots, dans les pièces fugitives pour servir à l'histoire de France, tome 3, p. 47.)

2° Catherine-Emilie de Bellissen-Bénac, née à Foix, le 2 novembre 1796, morte à Foix le 28 octobre 1832. Elle a épousé, en février 1824, M. le chevalier Henri de Larroux. De ce mariage est issue, mademoiselle Marie-Rosalie-Victorine de Larroux, mariée, le 20 septembre 1845, avec Armand Louis-Paul-Marie, marquis de Cugnac, issu du légitime mariage de Louis-Philibert-Robert, marquis de Cugnac, et de Jeanne-Elisabeth-Françoise de Solages.

(Contrat passé par devant Me Pierre Antoine Seillan, notaire à Mirande.)

3° Mademoiselle Thérasie de Bellissen-Bénac, née le 3 mai 1805. Mariée, en août 1831, à M. Anselme-Marie-Saturnin de Puymirol, dont une fille, Philomène de Puymirol, mariée à M. le comte de Montazet.

4° Mademoiselle Françoise-Vincentine-Fanny de Bellissen-Bénac, née le 19 juillet 1808.

5 Irène de Bellissen-Bénac, morte en bas âge.

ARMES. — D'azur à trois bourdons d'argent, en pal au chef, cousu de gueules, chargé de trois coquilles d'argent. (Voir *Arm. du Languedoc*, Toulouse; Montauban, page 402, n° 151.)

www.ingramcontent.com/pod-product-compliance
Lightning Source LLC
LaVergne TN
LVHW021008090426
835512LV00009B/2138